本书获得深圳职业技术学院学术著作出版资助

深圳土地制度变迁研究

（1979—2020）

U1012415

王江波◎著

SHENZHEN TUDI ZHIDU
BIANQIAN YANJIU

中国财经出版传媒集团
中国财政经济出版社

图书在版编目（CIP）数据

深圳土地制度变迁研究：1979—2020 / 王江波著
. —北京：中国财政经济出版社，2022. 10
ISBN 978 - 7 - 5223 - 1670 - 3

Ⅰ. ①深…　Ⅱ. ①王…　Ⅲ. ①土地制度 - 变迁 - 研究 - 深圳 - 1979 - 2020　Ⅳ. ①F321. 1

中国版本图书馆 CIP 数据核字（2022）第 162677 号

责任编辑：庄　莉　　　　责任印制：刘春年
封面设计：孙俪铭　　　　责任校对：徐艳丽

深圳土地制度变迁研究（1979—2020）
SHENZHEN TUDI ZHIDU BIANQIAN YANJIU（1979—2020）

中国财政经济出版社 出版

URL：http：//www. cfeph. cn
E - mail：cfeph@ cfeph. cn
（版权所有　翻印必究）
社址：北京市海淀区阜成路甲 28 号　邮政编码：100142
营销中心电话：010 - 88191522
天猫网店：中国财政经济出版社旗舰店
网址：https：//zgczjjcbs. tmall. com
北京财经印刷厂印刷　各地新华书店经销
成品尺寸：170mm × 240mm　16 开　15. 75 印张　201 000 字
2022 年 10 月第 1 版　2022 年 10 月北京第 1 次印刷
定价：78. 00 元
ISBN 978 - 7 - 5223 - 1670 - 3
（图书出现印装问题，本社负责调换，电话：010 - 88190548）
本社质量投诉电话：010 - 88190744
打击盗版举报热线：010 - 88191661　QQ：2242791300

前言

作为中国改革开放的先锋城市，深圳以先行先试率先改革的“政策特权”与城市品格，突破僵化的传统计划经济体制束缚与传统意识形态的桎梏，在土地制度改革方面进行了前所未有的探索与创新，在中国土地制度变迁的现代史中，书写了具有历史意义的篇章。

深圳土地制度改革肇始于1979年，纵观其演进历程，变革频率之高、方式之独特、内容之丰富都是国内其他城市所无法比拟的。深圳市的土地制度改革不仅为建立适合中国国情的制度变迁理论提供了宝贵的研究素材，同时也在中国社会制度变迁中为全国提供了可借鉴、可复制的经验与模式。如，开创了国有土地有偿使用的先河；敲响了新中国土地拍卖第一槌；通过两次集体土地国有化，成为中国首个没有农村建制的城市；率先开启了旨在提高现有存量土地使用效率的，以市场为主导的城市更新和以政府为主导的土地整备为典型代表的土地再开发利用模式；等等。但另一方面，深圳是在“摸着石头过河”中逐步开始土地制度改革实践的，由于缺乏可借鉴的经验，加之对市场经济认知的不足，尤其土地所有权本身所具有的意识形态性，所以在改革中又产生了一些历史遗留问题。如，由于历史原因而导致的土地产权不够明晰、资源配置方式较低效以及增值收益分配不公平等。这些历史遗留问题不仅制约着经济社会的发展，同时又构成了深化改革的内容。

受制于城市自身土地面积的局限性，以及国家顶层制度设计与法律法规对地方土地制度改革的约束，深圳土地制度变迁总体呈现出以下特点：一是率先开始土地使用权拍卖和国有土地的有偿使用，从而解决了发展初期的资金约束，在特殊政策支撑下成为助力深圳经济迅速崛起的重要因素；二是由于深圳自身土地面积的局限，客观上率先进行土地制度改革的制度绩效并没有一直成为深圳经济高速发展的资源与制度支撑，土地本身成为了深圳进一步发展的短板与硬约束，但同时又促使了旨在提高现有存量土地利用的另一种改革路径的尝试与探索；三是从整体上来说，尽管深圳作为中国改革开放的先行先试的“政策增长极”率先开始了具有历史意义的土地制度的改革，但相对于其他领域的制度改革而言，土地制度改革是相对滞后的，并受到更多的制度环境的约束。

正如制度总是镶嵌在特定制度环境之中，任何制度变迁都是特定历史和社会环境下产生的制度变革。因此，植根于特定的历史背景和制度环境是我们研究某一制度变迁的大前提。由此，基于历史和宏观制度环境两个维度来审视、分析深圳土地制度演变的历史脉络，不仅可以揭示深圳土地制度变迁的演进规律，探寻制度绩效前后反差的制度原因，理顺当前土地制度存在问题的历史成因，进而探索突破现有制度约束的可能路径，而且还可以进一步思考并探寻对中国社会深化改革，尤其是土地制度改革具有可借鉴、可复制意义的模式与路径，从而使得本研究具有独特的理论价值和现实意义。

本书的整体研究框架遵从如下脉络依次展开：

一是以文献综述和制度变迁相关理论为基础，从包含结构与时间因素的制度环境视角出发，构建一个基于“环境—行为—绩效”的理论分析框架。从制度环境、主体行为、制度绩效深入剖析研究深圳土地制度变迁的起因、过程和成效不同的演进逻辑。阐明深圳土地制度变迁中制度环境与制度的耦合关系，分析行动主体的利益博弈推动制度变迁的过程，并对土地制度变迁进行绩效评价。循着制度演变的内在逻辑，更好地启迪土地制度的创新发展路径。

二是从历史角度全面梳理回顾深圳土地制度的演变脉络。根据历史发展的关键节点和制度成效不同对深圳土地制度演变历程进行阶段划分，试图呈现深圳土地制度演进的“真实过程”，对不同阶段深圳土地制度形成的历史背景、主要政策、制度变革及实践效果进行细致分析，从而更好地理解深圳土地制度生发、演进的内在机理，总结土地制度变迁的演进规律与总体特征。

三是探讨深圳现行土地制度存在的主要问题及突破路径。对深圳土地制度演变历程中的制度环境、主体行为选择和实施绩效展开研究，剖析现行土地制度存在的主要问题，在对比借鉴英国、新加坡、纽约、香港土地制度的成功经验基础上，探寻从明晰产权、完善机制、利益共享、简政放权等方面来突破现有制度约束的创新发展路径。

基于上述研究，本书得出以下主要结论：

一是深圳土地制度变迁是特定制度环境约束下的产物。深圳土地制度变迁是在改革开放和中央赋予率先改革“政策特权”的制度环境下，由特区政府先行先试主导推动下的强制性变迁，制度的时空扩散具有明显的渐进式特征。受土地国有意识形态以及制度环境的影响，土地制度变迁表现出明显的路径依赖性，而相关利益主体的选择行为在不断发生改变，因而土地制度安排呈现出不同的制度绩效。

二是深圳土地制度变迁具有独特的演进历程与多元特征。深圳土地制度变迁经历了“初步探索—快速发展—基本形成—调整完善”四个阶段的发展，随着历史背景转换的不同，每个阶段分别采取制度试验、制度创新、制度扩散等不同的方式来推动制度变革。深圳土地制度演进的总体特征表现为：在变迁方式上强制性与渐进式并存；在变迁动因上受制度环境形塑与主体行为博弈双重影响；变迁绩效表现为利弊与发展相伴相随。

三是深圳土地制度变迁对中国土地制度改革具有重要的历史性贡献。即在特殊的历史背景和制度环境下，实现了国有土地使用权有偿出让的制度变革，奠定我国当前土地制度的基本框架。激活土地的要素价值，揭开了我国土地市场化改革的序幕。率先进行存量土地利用模式创新，为城市化发展提供了可资借鉴的样本示范。

本书的创新之处主要体现在以下几方面：

一是研究视角创新。通过构建“环境—行为—绩效”的理论分析框架，将制度结构与历史时间两个维度的影响因素有机地融合到研究之中，从制度环境、主体行为、制度绩效深入剖析深圳土地制度变迁的起因、过程和成效不同的演进逻辑，进一步丰富并拓展制度变迁理论的研究领域。

二是研究观点新颖。本书选题紧扣当前深化完善要素市场化改革的时代背景，植根于深圳独特丰富的土地制度改革实践经验，提出如下鲜明的观点和结论：深圳土地制度变迁受制度环境形塑与主体行为博弈双重影响，经历独特的演进历程，具有强制性与渐进式等多元特征，对中国土地制度改革具有重要的历史性贡献。

三是研究方法创新。本书综合运用逻辑分析与历史分析方法，将深圳土地制度变迁置于真实的历史情境之中，史论结合来展开分析，通过全面梳理回顾深圳土地制度的演变脉络，使之更贴近现实，研究结论更具解释力和说服力，也为借鉴并推广其经验模式提供更好的情境参照。

当前，深圳再次被党和国家赋予建设粤港澳大湾区和中国特色社会主义先行示范区的光荣使命。继续深化推进土地制度改革，是深入贯彻党的十九大治国理政新理念新思想新战略，加快转变经济发展方式和土地利用模式，促进科学合理用地和经济社会的可持续发展，进一步助推深圳建设粤港澳大湾区和中国特色社会主义先行示范区的必然要求。在坚持土地社会主义公有制的前提下，未来土地制度改革的主线仍将是围绕土地的使用权进行强权赋能，探索创新产权制度，并在城市空间统筹利用等重点领域深化改革、先行先试，对于深圳乃至整个国家宏观层面的土地制度改革而言，都是一个亟须深入研究与探索的重大命题。

目录

第一章

绪　论

第一节　研究背景与研究意义

一、研究背景

改革开放40年来，深圳取得了经济社会发展的巨大成就。从1979年到2019年，深圳的建成区规模由3平方公里到1005平方公里；GDP由1.96亿元到2.69万亿元，经济总量跃居国内大中城市第三名；人均GDP由606元到20.04万元，位居国内大中城市首位。从1985年到2019年，居民人均可支配收入由1915元到62522元，增长了32.6倍。截至2019年末，深圳货物进出口总额29773.86亿元，其中出口总额16708.95亿元，出口总额连续27年居内地大中城市首位①。深圳拥有国家级高新技术企业超过1.7万家，仅次于北京。深圳是全球第三大集装箱港、亚洲最大陆路口岸、中国五大航空港之一，拥有华为、招商、平安、腾讯、万科、正威、恒大7家世界五百强企业，吸引超过280家世界500强企业前来投资。深圳从昔日边陲小镇一跃成为国际化大都市，创造了世界城市发展史上一个绝无仅有的奇迹。

深圳取得今日的成就主要归功于改革开放的正确国策，更得益于经济特区在中国社会制度变迁中的独特功能和角色定位。作为中国社会从计划经济向市场经济转型的改革试验田、排头兵和先行地，深圳率先开始了具有历史意义的土地制度的改革。如，1987年深圳打破国有土地无偿、无期限使用的制度约束，开创国有土地使用权有偿出让的先河，敲响了新中国土地拍卖第一槌。1992年和2004年深圳分别通过两次集体土地国有化，成为中国首个没有农村建制的城市。2009年和2011年

① 数据来源于《2020年深圳市政府工作报告》《深圳统计年鉴2020》《深圳市2019年国民经济和社会发展统计公报》等公开资料。

深圳市出台《深圳市城市更新办法》《关于推进土地整备工作的若干意见》，在全国创新提出“城市更新”和“土地整备”的概念，开启了以市场为主导的城市更新和以政府为主导的土地整备为典型代表的土地再开发利用模式。2012 年深圳推动新一轮土地管理制度改革，进行原集体土地使用权入市试验等等。2020 年《深圳经济特区城市更新条例》获市人大常委会表决通过，是全国首部城市更新地方立法，自 2021 年 3 月 1 日起施行。此举进一步规范城市更新市场主体行为，充分保障物业权利人的合法权益，创设“个别征收 + 行政诉讼”制度，破解城市更新“搬迁难”。可以说，土地制度改革进一步激发了经济活力，为深圳的经济社会发展集聚了资金、技术、劳动力等要素资源，成为助推深圳快速实现工业化、城市化的重要因素。

另一方面，深圳土地制度改革处于中国社会由计划经济向市场经济转型的过程之中。政府在“摸着石头过河”的探索实践中，由于缺乏可借鉴的经验，加之对市场经济认知的不足，尤其是土地所有权本身所具有的意识形态性，因而在改革中又产生了一些历史遗留问题。如，在两次集体土地国有化的过程中，由于受意识形态的束缚，以及政策设计与执行的偏差，加剧了房地产权关系的复杂性，导致大量违法建筑①和违法用地②的出现，带来土地产权不够明晰、资源配置方式较低效以及

① 违法建筑主要指根据 2009 年《深圳市人民代表大会常务委员会关于农村城市化历史遗留违法建筑的处理决定》对历史遗留违法建筑的范围界定，具体包括：原村民非商品住宅超批准面积的违法建筑；1999 年 3 月 5 日之前所建的符合《深圳经济特区处理历史遗留违法私房若干规定》和《深圳经济特区处理历史遗留生产经营性违法建筑若干规定》（以下简称“两规”）处理条件，尚未接受处理的违法建筑；1999 年 3 月 5 日之前所建不符合“两规”处理条件的违法建筑；1999 年 3 月 5 日之后至 2004 年 10 月 28 日之前所建的各类违法建筑；2004 年 10 月 28 日之后至本决定实施之前所建的除经区政府批准复工或者同意建设外的各类违法建筑。

② 违法用地是指合法用地范围之外的土地，合法用地包括 1999 年《土地管理法》实施前的政府统征地、经市政府用地批文批准的建设用地、经市政府批地会议纪要批准的建设用地、已签订土地出让合同的建设用地、已核发产权证的建设用地。见罗罡辉．深圳市合法外土地的管理政策变迁研究［M］．深圳：海天出版社，2014：15.

土地增值收益分配不公平等一系列问题。在原集体土地上形成了国有土地所有权和原村民法外控制权并存的两难局面，使土地陷入“政府拿不走、原村民用不好、市场难作为”的利用困境。

作为一个典型的“经济大市”和“土地小市”，深圳经过40多年高强度的土地开发和利用，建设用地占市区面积比重已超过50%，远远超过国际警戒线（30%），土地开发强度已远超国内一线城市及国际大都市的平均水平，远高于北京（9%）、上海（22%）、广州（17%）和香港（21%），而伦敦、巴黎、东京等国际大都市一般处于20%—30%的水平。虽然，深圳对现有土地开发利用强度高，但可供建设的新增土地所剩无几，加之存量土地再开发利用难度大，使得深圳比其他城市更早遇到土地资源紧约束的问题。当前，土地空间资源的紧缺直接导致高地价、高房价，带来生产、生活成本高企等一系列突出问题，已然成为制约深圳当前和未来发展的硬约束。因此，深圳亟须在土地利用效率和利用效益等方面深挖潜力，加大改革力度。

土地制度是关乎政治、经济和社会发展的根本性制度。回顾深圳土地制度变迁历程，从早期助推深圳迅速崛起的有利因素，逐步反转成为掣肘发展的最大短板，深圳土地制度变迁绩效前后反差明显，除去客观因素，还需要从深层次的制度层面来探寻答案。深圳一直走在改革开放的前沿，但若干年以来土地制度改革明显落后于其他领域改革，与其在中国市场经济改革实践中承担的角色与使命并不一致，究其原因，既有深圳自身的要素禀赋因素（如土地面积较小），更在于中国社会当前宏观土地所有制度和社会管理问题。任何一项制度的产生都是特定经济社会发展阶段下的产物，脱离具体的历史情境去理解制度是没有意义的。因此，在接下来的研究中，本书将旨在探寻在特定的历史背景和制度环境下，深圳土地制变迁背后的逻辑线索，通过剖析土地制度的演进规律与总体特征，揭示制度绩效前后反差的内在原因。基于对上述问题的思考和研究，将有助于厘清当前土地问题的历史成因，为进一步探寻突破现有制度约束的创新发展路径提供理论参照和启迪。

当前，深圳再次被党和国家赋予建设粤港澳大湾区和中国特色社会主义先行示范区的光荣使命。一方面，继续深化推进土地制度改革，是深入贯彻党的十九大治国理政新理念新思想新战略，加快转变经济发展方式和土地利用模式，促进科学合理用地和经济社会的可持续发展，进一步助推深圳建设粤港澳大湾区和中国特色社会主义先行示范区的必然要求。另一方面，围绕深圳土地制度改革，系统深入地开展研究，全面梳理其演变脉络，分析制度变迁的演进逻辑，总结其对中国土地制度改革具有的历史性贡献，不仅有利于深圳当前现实问题的解决，还将有助于进一步探寻对中国社会转型改革，尤其是深化土地制度改革具有的可资借鉴、可复制的模式与路径。因此，选择以深圳土地制度变迁作为本书的研究主题具有独特的理论价值和时代意义。

二、研究意义

（一）理论意义

第一，基于全新的研究视角来构建分析框架，深入剖析深圳土地制度变迁的起因、过程和成效不同的演进逻辑。本书从包含结构与时间因素的制度环境的研究视角出发，构建了一个“环境—行为—绩效”分析框架。将深圳土地制度变迁置于中国改革开放和经济体制转型的历史背景下展开研究，从制度环境、主体行为、制度绩效深入剖析深圳土地制度变迁的演进逻辑。深刻阐明深圳土地制度变迁中制度环境与制度的耦合关系，进一步分析了行动主体的利益博弈推动制度变迁的过程，并对土地制度变迁的绩效展开系统评价。深圳土地制度变迁是在改革开放和中央赋予率先改革的“政策特权”的制度环境下，由特区政府先行先试主导推动下的强制性变迁，制度的时空扩散具有渐进式特征。受土地国有意识形态以及制度环境的影响而表现出明显的路径依赖性，而相关利益主体的选择行为在不断发生改变，因而土地制度安排呈现出不同的制度绩效。因此，深圳土地制度变迁是特定制度环境约束下的产物。

第二，全面梳理回顾深圳土地制度演变的历史脉络，揭示制度演进的总体特征。本书以开阔的历史视野，基于历史发展的关键节点和制度成效，将深圳土地制度演变历程划分为“初步探索—快速发展—基本形成—调整完善”四个阶段。通过对不同阶段土地制度演进的历史背景、主要政策、制度变革及实践效果进行细致分析，试图呈现土地制度演进的“真实过程”，揭示土地制度生发、演进的内在机理。随着历史背景的转换，深圳土地制度在每个阶段分别采取制度试验、制度创新、制度扩散等不同的方式来推动制度变革，并呈现出如下总体特征：在变迁方式上强制性与渐进式并存；在变迁动因上受制度环境形塑与主体行为博弈双重影响；变迁绩效表现为利弊与发展相伴相随。因此，深圳土地制度变迁具有独特的演进历程与多元特征。

（二）现实意义

第一，解决深圳现行土地制度存在的主要问题，探寻突破制度约束的创新发展路径。深圳在“摸着石头过河”的探索实践中逐步开始土地制度的改革，由于缺乏可借鉴的经验，加之对市场经济认知的不足，尤其土地所有权本身所具有的意识形态性，所以在改革中又产生了一些历史遗留问题，这些历史遗留问题不仅制约着经济社会的发展，又同时构成了深化改革的内容。本研究将深圳现行土地制度存在的主要问题归纳为：土地产权不够明晰、资源配置方式较低效以及土地增值收益分配不公平。通过分析土地问题的制度原因，厘清其历史成因，站在全球视角，在对比借鉴英国、新加坡、纽约、香港等典型地区经验的基础上，从明晰产权、完善机制、利益共享、简政放权等方面提供突破现有制度约束的创新发展路径。因而，本研究对于破解深圳当前面临的土地问题具有一定的参考价值，对进一步深化推动深圳土地制度改革进行了有益的理论探讨。

第二，系统总结深圳土地制度变迁对中国土地制度改革重要的历史性贡献和可复制借鉴的模式与路径。深圳土地制度变迁在特殊的历史背景和制度环境下，实现国有土地使用权有偿出让的制度变革，奠定我国当前土地制度的基本框架。激活了土地的要素价值，揭开了我国土地市场化改革的序幕。率先进行存量土地利用模式创新，为城市化发展提供了可借鉴的样本示范。深圳围绕土地制度改革进行大量密集的制度创新和探索实践，具有独特的演进历程和多元特征，为丰富和发展适合中国国情的制度变迁理论提供了宝贵的研究素材。同时，系统研究深圳土地制度变迁，将有助于进一步思考探寻其对中国社会深化改革，尤其是土地制度改革具有可资借鉴、可复制意义的模式与路径。

第二节　概念界定

一、制度

制度（Institution）的内涵定义非常丰富，比较有代表性的有凡勃伦、科斯、诺思、舒尔茨等提出的定义。凡勃伦将制度定义为社会中大部分人共同拥有的思维习惯、行为准则、权利与财富原则。科斯从产权界定和交易成本的角度，认为制度就是指一系列产权安排和调整的规则或“组织形式”。诺思将制度界定为经济史中的“结构”和“规则”，“制度是一系列被制定出来的规则、秩序和行为道德、伦理规范，它旨在约束主体福利或效用最大化利益的个人行为。”[①] 他还认为“制度是一个社会的博弈规则，或者更规范一点说，它们是一些人为设计的、形塑人们互动关系的约束”。舒尔茨把制度看成一种涉及社会、政治及经济行为的规则。柯武刚、史漫飞则认为制度“影响着可能出现的、怪

① 道格拉斯·C. 诺思. 经济史中的结构与变迁［M］. 上海：上海三联书店，上海人民出版社，1994：225.

癖的和机会主义的个人行为，使个人行为朝可预见方向发展"①。青木昌彦（2003）将制度看作博弈规则和博弈均衡。

制度一般由正式规则、非正式规则和实施机制组成，它对人类的行为形成制约并使其具有可预见性。正式规则主要是指政治、经济等规则，以及一系列由规则共同构成的等级结构。非正式规则主要包括价值信念、道德规范、意识形态等因素，主要从文化层面来约束人们的行为，对制度运行起支持性作用。实施机制是通过激励与惩罚措施保障制度的有效进行，检验一个国家的制度实施机制是否有效主要看违约成本的高低等。

本书关于制度内涵的界定倾向于认为，制度是被社会中的人们共同认可和接受的规则体系，通过激励和约束人们的选择行为，形塑相互间的关系。制度在时间维度上，短期内保持稳定，构成相对静态的社会博弈规则，长期来看则表现为动态演变过程中的某种博弈均衡状态。

二、制度环境

制度环境（Institutional Environment）是指"一系列用来建立以生产、交换、分配为基础的政治、社会和法律规则"②。本书从广义角度来界定制度环境，认为制度环境包含所有的制度集合，以及与之相关联的政治、经济、社会环境和意识形态等。制度环境包括结构性因素和历史时间因素，制度环境变化形塑制度变迁的方向与选择空间。

制度安排是"支配经济单位之间可能合作与竞争的方式的一种安排，制度安排可能最近于'制度'一词最通常使用的意义"③。相对于

① 柯武刚，史漫飞．制度经济学——社会秩序与公共政策［M］．北京：商务印书馆，2004：17.

② 戴维斯，诺思．制度变迁的理论：概念与原因，见罗纳德·H．科斯．财产权利与制度变迁——产权学派与新制度学派译文集［M］．上海：上海三联书店，上海人民出版社，1994：270.

③ 戴维斯，诺思．制度变迁的理论：概念与原因，见罗纳德·H．科斯．财产权利与制度变迁——产权学派与新制度学派译文集［M］．上海：上海三联书店，上海人民出版社，1994：271.

制度安排而言，制度环境具有一定的稳定性，变化较为缓慢，但很大程度上决定前者的有效性，并对制度的合理性起着基础性作用。制度嵌入制度环境之中，制度本身的合理性，取决于与其他相关制度的匹配性和互补性，以及与制度环境的耦合关系①。制度环境构成制度主体进行制度安排的选择约束空间，制度环境与制度安排共同影响着制度的实施绩效。制度安排如果与制度环境不相适应，则会导致激励与约束机制失灵，使制度绩效与预期不符。因此，制度供给的时机非常重要，超前的制度变迁可能会导致制度改革失败，制度通常可能会以一种隐性的法外方式来继续存在，等待制度环境调整并予以接纳。

三、制度变迁

制度变迁（Institutional Change）是指新制度（制度结构）产生、替代或改变旧制度（制度结构）的动态过程，也是制度从均衡状态向非均衡状态过渡，直到形成新的均衡状态的过程。在现实经济中制度的非均衡状态是一种常态，一旦维持制度均衡的制度环境发生变化，制度中的行动主体认为现有制度供给不能满足其制度需求时，当下的均衡状态就会被打破，从而推动了制度的变迁。制度变迁在形式上可以是单个制度或由多项制度相互嵌套构成的制度结构的演进。制度环境和制度主体价值偏好的变化等因素都会影响到制度的均衡状态，此外还与历史发展中的关键节点、偶然因素等时间变量密切相关。影响制度需求的主要因素有：收获预期利益的动机，降低制度的交易成本，产权界定的需要，以及调整利益格局的需要等。影响制度供给的主要因素有：政府在既定的政治经济秩序下提供新的制度安排的能力和意愿，技术进步，文化以及意识形态约束等。

制度变迁方式的划分主要有两类：一是根据实施主体与作用机制不

---

① 耦合关系在文中是指事物之间存在的相互作用、相互影响的关系。

同，分为诱致性与强制性变迁两种方式。诱致性变迁是人们在制度不均衡时追求潜在获利机会的自发性变迁。强制性变迁是国家在追求租金最大化和产出最大化目标下通过政策法令实施的制度变迁。诱致性制度变迁更多的是以“自下而上”的方式，借由微观个体受新制度获利机会的引诱，自发组织和推动。而强制性制度变迁则主要是以“自上而下”的方式，由政府以命令和法律实施的制度变迁。二是按照推进的策略、速度不同，制度变迁划分为激进式和渐进式两类。激进式制度变迁是指制度在极其短暂的时间范围内发生迅速的变革，具有突变性的特点。而渐进式制度变迁是指在较长时期内以常态累积的方式，缓慢推进的制度变迁。

四、土地制度

土地是一个综合的自然地理概念。本书所使用的土地概念主要侧重于与政治、经济、社会等有关的具有重要价值的土地资源。土地制度是一个国家的基础性、全局性制度。从法学角度看，广义的土地制度包括土地的所有制度、管理制度、使用制度等一切与土地相关的正式制度安排。从经济学角度看，土地制度规定着人与人、人与土地之间的关系，是人与土地经济关系的法律体现。

本书所研究的土地制度主要是指广义上的由政府颁布实施的与土地相关的法律法规以及政策等正式规则。在对问题进行分析研究的过程中可能会涉及某项具体的法律或政策，但通常情况下并不具有特指性。

五、土地制度变迁

土地制度变迁是指与土地相关的新制度（制度结构）的产生、替代或改变旧制度（制度结构）的动态过程。土地制度从非均衡状态演进到新的均衡状态，不仅会带来制度内容、制度结构以及与之匹配的运行机制等方面的改变，而且也会涉及制度变迁方式、变迁动因以及制度绩效的变化，因而是一个复杂的动态演化过程。

1979 年 1 月 23 日，中共广东省委决定撤销宝安县，正式设立深圳市。1979 年 11 月，深圳市升格为地区一级的省辖市。据此，本书将深圳土地制度变迁研究涵盖的时间范畴设定为：以 1979 年深圳建市时间作为制度演进的起点，终点则为 2020 年。而土地制度变迁所涵盖的空间范畴，主要包括深圳建市之后形成的市域范围，虽历经多次行政区划调整，但市域面积基本上维持了原有状况①。深圳土地制度变迁的初始状态实行的是典型的城乡二元土地制度，即城市土地国有制和农村土地集体所有制并存。国有建设用地实行行政划拨、无偿无限期的使用方式。需要指明的是，在深圳土地制度变迁的过程中，相关制度安排以及制度环境的变化始终坚持土地的社会主义公有制这一制度底线。

第三节　研究目标与研究内容

一、研究目标

本书通过构建理论分析框架，全面梳理回顾深圳土地制度的历史演变脉络，从制度环境、主体行为、制度绩效深入分析研究深圳土地制度变迁的起因、过程和绩效不同的演进逻辑，总结土地制度变迁的演进规律和总体特征。分析深圳土地制度变迁绩效前后反差的制度原因，厘清土地问题的历史成因，探寻突破制度约束的创新发展路径，进一步思考对中国社会深化改革共性的启发与经验。研究目标可具体细分为：

第一，研究深圳土地制度演进的内在逻辑。从制度环境、主体行

① 截至 2019 年 10 月，深圳下辖 9 个行政区和 1 个新区，此处未将新近成立的深汕特别合作区考虑在内。

为、制度绩效深入研究深圳土地制度内在的演进逻辑。阐明深圳土地制度变迁过程中制度环境与土地制度的耦合关系，分析行动主体的利益博弈推动制度变迁的作用机制，并对深圳土地制度变迁的制度绩效进行评价。

第二，系统梳理回顾深圳土地制度演变的历史脉络。根据关键节点和制度成效对深圳土地制度变迁的历程进行阶段划分，呈现深圳土地制度演进的“真实过程”，对不同阶段土地制度形成的历史背景、主要政策、制度变革及实践效果进行细致分析，加深对深圳土地制度生发、演进内在机理的理解，进一步总结制度变迁的演进脉络和总体特征。

第三，探讨深圳现行土地制度存在的主要问题以及突破路径。厘清土地问题的历史成因和制度原因，在对比借鉴英国、新加坡、纽约、香港等典型地区经验基础上，从明晰产权、完善机制、利益共享、简政放权等方面，探寻突破现有制度约束的创新发展路径，为土地制度的深化改革提供理论参照和启迪，并进一步思考其对中国社会深化改革，尤其是土地制度改革共性的启发与经验。

二、研究内容

本书内容共分为九个章节，具体内容安排如下：

第一部分：提出问题（第一章）。本部分是研究的绪论部分。首先，介绍本书的选题背景与研究意义。其次，对研究中涉及的基本概念，如制度、制度环境、制度变迁、土地制度及土地制度变迁进行清晰的界定。然后，分别介绍研究目标、研究内容、研究的技术路线及采用的研究方法。最后，指出本书在研究视角、研究观点以及研究方法等方面的创新。

第二部分：理论基础（第二章）。本部分主要为全书研究奠定理论基础。首先，对本研究涉及的制度变迁理论以及土地制度变迁相关研究文献进行梳理归纳，并给出总结性述评。然后，从包含结构与时间因素的制度环境视角出发，构建一个“环境—行为—绩效”理论分析框架，基于理论层面全面阐释制度环境、主体行为与制度绩效的内在作用机制，为后续深入研究进行理论铺垫。

第三部分：历史分析（第三、四章）。本部分主要对深圳土地制度变迁展开历史分析。首先，全面梳理回顾深圳土地制度演变的历史脉络，根据关键节点和制度成效对深圳土地制度变迁进行四个阶段划分，对不同阶段制度形成的历史背景、主要政策、制度变革和实践效果进行细致分析，呈现土地制度演进的“真实过程”，并揭示深圳土地制度生发、演进的内在机理。其次，深入剖析深圳土地制度变迁的特征特点。分别从深圳土地制度变迁的方式、过程和绩效三个方面来总结其演进规律和总体特征：即变迁方式上强制性与渐进式并存；变迁动因上受制度环境形塑与主体行为博弈双重影响；变迁绩效表现为利弊与发展相伴相随。

第四部分：理论分析（第五、六、七章）。本部分主要基于所构建的研究框架对深圳土地制度变迁展开理论分析。首先，对深圳土地制度变迁的制度环境进行分析。从制度环境与土地制度的互动耦合关系入手，分别研究制度环境的结构因素和时间因素对深圳土地制度变迁产生的影响机制。从对制度环境变化的认识，对关键节点的把握和对路径依赖的突破的角度，深入分析深圳土地制度演变过程的内在逻辑。其次，对深圳土地制度变迁中的主体选择行为展开分析。在分析土地制度变迁相关的行动主体及利益诉求的基础上，构建博弈模型深入分析政府与原村民以及原农村集体经济组织①围绕土地利益的行为选择和互动博弈过程，并研究不同的制度安排下原村民的选择行为及对制度绩效的影响。

---

① 原农村集体经济组织是指在早期农业合作化和人民公社的基础上，形成的以行政村或者村民小组为基础组成的合作经济组织。随着深圳农村城市化的发展，又相继出现“原农村集体经济组织继受单位”以及改组设立的“股份合作公司”等不同组织形态，本书统一采用“原农村集体经济组织”的名称来进行指代和表述。此外，本书使用“原村民及集体经济组织”指代“原村民及原农村原集体经济组织”，进行简略表述。

最后，从土地利用结构、土地利用效率和土地利用效益三个方面来对深圳土地制度变迁的绩效水平展开总体评价分析。聚焦深圳现行土地制度下存在的问题，为后续典型地区经验借鉴，以及探寻破解土地利用困境指明方向。

第五部分：路径研究（第八章）。本部分主要探讨深圳现行土地制度存在的主要问题，在对比借鉴典型地区经验的基础上，进一步探寻突破制度约束的创新发展路径。首先，归纳分析深圳现行土地制度存在的主要问题，即土地产权不够明晰、资源配置方式较低效以及土地增值收益分配不公平。其次，比较借鉴英国、新加坡、纽约、香港的成功经验和做法。最后，建议从明晰产权、完善机制、利益共享、简政放权等方面来实现对现有制度约束的突破创新。

第六部分：结论与展望（第九章）。本部分主要是对全书进行全面的回顾和总结。首先，阐明本书的主要研究结论，即深圳土地制度变迁是特定制度环境约束下的产物；深圳土地制度变迁具有独特的演进历程与多元特征；深圳土地制度变迁对中国土地制度改革具有重要的历史性贡献。其次，指出本书在数据资料获取途径、主体行为分析以及研究方法运用等方面存在的不足。最后，对下一步的拓展研究进行展望。

第四节 技术路线与研究方法

一、技术路线

如图 1－1 所示，本研究的基本技术路线为：研究问题的提出与研究背景—理论基础与分析框架—深圳土地制度变迁演变历程分析—深圳土地制度变迁的总体特征及内在逻辑—深圳土地制度变迁的制度环境、主体行为和绩效评价分析—现行制度存在的问题分析及经验借鉴—深圳土地制度的创新发展路径—研究结论与研究展望。

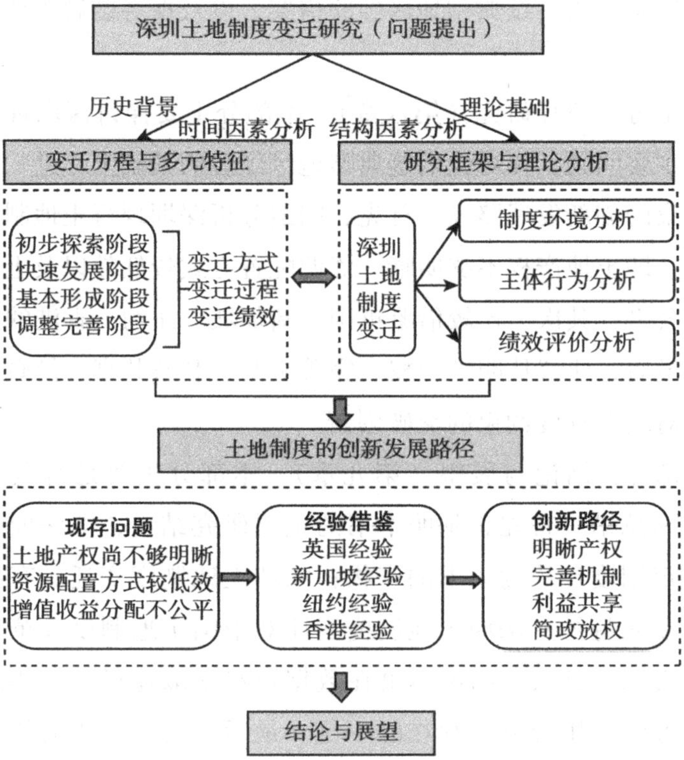

图 1－1　研究技术路线图

二、研究方法

第一，文献研究法。深圳土地制度具有变化频率高、方式独特、内容丰富的特点，需要收集并整理大量反映制度变化的时代背景、政策法规等相关素材。此外，制度变迁理论与土地制度变迁研究也汇集了丰富的文献资料。因此，通过运用文献资料法系统地搜集整理相关文字、图片和历史材料，将有助于形成清晰的研究思路，并获得有意义的研究结论。

第二，需求—供给分析法。制度变迁是一个从非均衡状态演进到新的均衡状态的动态过程，经济学通过分析供求关系变化来研究均衡与非均衡机制。深圳土地制度变迁过程中的一系列制度试验、制度创新本质上都是由于土地资源配置的供求失衡所引发的。例如，两次集体土地国有化以及当前的存量土地再开发利用等相关问题，都可以纳入需求—供给分析法的框架下进行分析。

第三，博弈分析法。博弈理论研究在利益冲突的环境中参与者通过选择自身最优策略进行博弈达至均衡的问题。本书需要使用博弈分析法来研究在特定制度环境下行动主体因竞争性地使用土地资源而产生利益冲突的博弈过程。由于深圳推动集体土地国有化的过程中产生的历史遗留问题，导致当前存量土地的再开发利用进展缓慢，因而需要借助博弈理论来深入分析相关主体的利益诉求和策略选择的博弈过程，以期为破解当前的存量土地利用困境提供解决思路。

第四，比较分析法。他山之石，可以攻玉。本书通过运用比较分析方法，以宽广的视野来考察国内外典型地区土地制度的经验和做法。本书对比研究了新加坡的“白色用地”模式和过程管理机制，纽约的“精明增长”战略，英国的土地保有税、存量土地再开发和公众参与监督机制，香港的“勾地”制度、土地审裁处以及土地征收利益补偿机制等。基于对典型地区的经验借鉴，为探寻深圳现有制度约束下的可能突破路径，以及进一步深化土地制度改革提供参照和启迪。

第五节 创新之处

本书的创新之处主要体现在以下几方面：

一是研究视角创新。通过构建“环境—行为—绩效”的理论分析框架，将制度结构与历史时间两个维度的影响因素有机地融合到研究之中，从制度环境、主体行为、制度绩效深入剖析深圳土地制度变迁的起因、过程和成效不同的演进逻辑，进一步丰富并拓展制度变迁理论的研究领域。

二是研究观点新颖。本书选题紧扣当前深化完善要素市场化改革的时代背景，植根于深圳独特丰富的土地制度改革实践经验，提出如下鲜明的观点和结论：深圳土地制度变迁受制度环境形塑与主体行为博弈双重影响，经历独特的演进历程，具有强制性与渐进式等多元特征，对中国土地制度改革具有重要的历史性贡献。

三是研究方法创新。本书综合运用逻辑分析与历史分析方法，将深圳土地制度变迁置于真实的历史情境之中，史论结合来展开分析，通过全面梳理回顾深圳土地制度的演变脉络，使之更贴近现实，研究结论更具解释力和说服力，也为借鉴并推广其经验模式提供更好的情境参照。

第二章

研究综述与分析框架

本章主要为研究展开奠定理论基础。本章分为两部分内容：第一部分是国内外研究综述，对本书涉及的制度变迁理论以及土地制度变迁相关研究文献进行较为系统的归纳，并给出总结性述评，为后续研究进行理论铺垫；第二部分是从包含结构与时间因素的制度环境视角出发，构建一个基于“环境—行为—绩效”的理论分析框架，并在理论层面全面阐释制度环境、主体行为与制度绩效的内在作用机制。制度环境构成制度变迁的外在约束，制度主体基于利益考量的行为博弈推动制度变迁，制度环境与制度主体的选择行为共同决定着制度变迁的方向、路径和实施绩效。

第一节 国内外研究综述

一、关于制度变迁理论的研究

制度基础是理解经济发展的关键早已在经济学界取得共识。阿西莫格鲁、罗宾逊（2001，2003，2005，2015）揭示一个国家采取的政治和经济制度是决定国家兴衰、国家间不平等和经济发展差距的根本原因。所谓制度变迁，是行动主体为谋取潜在利益而推动的制度变革，是新制度（或新制度结构）产生、替代或改变旧制度（或旧制度结构）的动态过程。经济发展从某种意义上讲是以更高的效率来利用资源的制度变迁过程。

（一）国外有关制度变迁的研究

国外学者关注与研究制度变迁的传统由来已久，比较有代表性的有：（1）哈耶克的自发社会秩序理论；（2）科斯、诺思（又名诺斯）等新制度经济学家借助交易成本、产权、寻租、利益集团等分析工具提出制度变迁理论；（3）肖特、佩顿·杨、肯·宾默尔、格雷夫、青木昌彦等运用博弈论进行制度变迁研究；（4）保罗·皮尔逊、科利尔等历史制度主义学者关于制度变迁的相关研究。

1. 自发社会秩序理论

哈耶克是自由主义的代表性人物，他深受苏格兰启蒙思想自发秩序和有限理性的影响，其主观价值论及理论体系传承自奥地利学派。自发秩序的理念是哈耶克自由主义社会理论的“核心概念”，用来分析人类经济活动秩序的形成过程。哈耶克（1967）认为，人类知识的整体由每个人头脑中的分立知识形成，而构建经济秩序需要集合所有的知识，据此人类的理性显然难以做到。而后哈耶克将之扩展，构建了庞大的自发社会秩序理论体系。

基于主观价值论这一逻辑起点，哈耶克认为，社会中个人偏好的异质性包含了无数信息，人类理性想要构建社会制度就必须具备所有的信息包括细节，这是一种“致命的自负”。因此，人类的理性在其秩序模式的形成机制上所能达到的认知水平十分有限，社会秩序的产生更多的是人类行动的产物而非设计的结果。秩序的自生自发不可能来自某种超验的力量，乃是一种竞争和试错的进化结果。在此基础上哈耶克将自发社会秩序分为不同类型：作为规则系统本身的秩序，以及个体互动的秩序。对于市场中生成的经济秩序，哈耶克认为是个人在财产法、契约法等规则约束下，在市场交易中自发形成的。邓正来（2002）将哈耶克的制度变迁归因为人类非意图性的产物，并非出自审慎认知或理性设计。制度是适应社会规则体系逐步演化的结果。

关于政府干预经济的原则，哈耶克认为，在自由社会中首先政府的职责是有限的，仅限于通过适宜的法律体系和经济政策，为维护市场的自由竞争过程创造良好的条件和框架。“政府的一切强制行动都必须限于对一般且抽象的规则的实施”①。另外，他旗帜鲜明地主张限制政府

① 哈耶克．自由秩序原理［M］．北京：生活·读书·新知三联书店，1997：191.

权力。强调在私人财产权的基础上界定私域，并以此确定国家强制力的作用以及不可逾越的规则。

2. 新制度经济学关于制度变迁的研究

新制度经济学为人们分析经济问题提供了一个全新的视角，通过构建交易成本、产权和契约结构等概念，融合了公共选择理论等，有力地解释了制度起源、制度变迁等重要问题。主要从以下研究进路来进行制度分析：一是诺思、科斯等人运用交易成本、产权等分析方法来研究制度变迁；二是基于权力影响利益需求的非市场集体决策导致制度低效率运行状况的研究进路，代表性的有塔洛克（又名图洛克）、布坎南等人提出寻租理论和公共选择理论，以及奥尔森提出的利益集团（也称为“分利集团”）理论。

诺思（1971，1973，1981，1990，2005）、科斯（1937，1960）、德姆塞茨（1967）和巴泽尔（1989，2002）等通过交易成本和产权来构建制度选择的分析框架，认为交易成本和国家一起决定了产权结构以及经济绩效。诺思的制度变迁理论由产权理论、国家理论和意识形态理论构成。诺思（1971）认为制度变迁的主因是“潜在的利润”推动。非正式制度通过累积微小的边际调整，最后完成制度变迁。制度供给由于政治规则限制等影响导致稀缺不足。基于国家的政治和经济行为，他提出著名的“诺思悖论”，即国家一方面追求垄断利润最大化，另一方面又想追求社会产出最大化，这种矛盾的双重目标使得政府在强制性和自发性制度变迁的过程中扮演不同的角色，甚至是一个国家的经济不能持续增长的根源。因此，国家的存在既是经济增长的关键，却又是人为经济衰退的根源。此外，诺思还认为意识形态在维持原有制度以及实现制度变迁中起到“双刃剑”的作用，他特别强调信念、认知、心智构念，以及意向性在制度变迁中的作用。历史因素通过影响人们现在的决定，进而在制度变迁中发挥重要作用，他称之为“路径依赖”（Path Dependence）。在《理解经济变迁过程》一书中，他把路径依赖解释为“从过去衍生而来的制度和信念影响目前的选择”①。诺思还深刻地揭示了政治规则与经济规则的关系，认为前者通常决定了后者。由于政治、军事、意识形态等原因客观上制约着政治规则的形成，因而政治规则并不遵从效率原则，两者之间的冲突型构了国家的制度，而制度既可能是有效的，也可能是无效率的“锁定”（Lock-in）状态。

布坎南、奥尔森和塔洛克共同构建了一个基于权力影响利益需求的非市场集体决策导致制度低效率运行状况的研究进路。布坎南和塔洛克（1962）在他们的经典著作《同意的计算》中通过论述参与人多边谈判而合作地创生出来制度，阐释了公共选择理论。布坎南将政治过程视为达到互利合作规则的途径，规则的形成和宪法改革的可能性至关重要，政治秩序是人们共同接受的一套规则或宪法。塔洛克（1967）提出寻租理论致力于构建政治体系的利益集团模型。寻租理论揭示，寻租行为的产生出自政府对市场的过度干预，因而寻租行为具有非生产性特征。政府权力的介入会导致资源的无效配置和分配格局的扭曲，例如垄断、关税等寻租活动会产生大量的社会成本。奥尔森用集体行动理论揭示了利益集团对制度变迁的决定性作用。奥尔森（1995，2005，2007）提出强化市场型政府。他认为，利益集团的存在是国家兴衰的根源，必须具备两个条件才能促使一个国家或地区兴盛发达，即清晰界定的产权，以及产权要得到良好的保护，不存在任何形式的掠夺。利益集团的形成主要原因在于获取制度变迁的潜在利润，但“集团越大，它提供的集体物品数量就会越低于最优数量。”② 这种外部性会导致制度供给不足。因而由于利益集团的相互作用，降低了制度的效率和生产力，以至于不可能达到帕累托最优状态。因此，政府需要通过制约和调整利益集团的行动，以此来促进制度变迁的良性发展。此外，阿西莫格鲁和罗宾逊

---

① 道格拉斯·C. 诺思．理解经济变迁过程［M］．北京：中国人民大学出版社，2013：20.

② 曼瑟尔·奥尔森．集体行动的逻辑［M］．上海：上海三联书店，上海人民出版社，1995：29.

(2001，2003，2005，2015）通过讨论政治领域和经济领域之间的互动，揭示政治权力结构对经济制度的变迁起着决定作用。

3. 运用博弈论进行制度变迁研究

基于对制度前提和博弈参与者理性的不同假设，经济学家们在制度变迁中分别运用经典博弈论和演化博弈论来研究制度变迁。在科斯、诺思的研究中，将制度视为外生给定的博弈规则，重点研究和比较产权制度的不同带来的资源配置效率问题。他们通过运用博弈论研究均衡问题，能够较好地解释制度的效率问题，忽视了制度的内生演化。肖特(1981）在《社会制度的经济理论》中较早地从博弈论的研究视角探讨人类社会制度现象，用博弈或其他数理模型把哈耶克的“自发社会秩序”规范化。在此基础上，青木昌彦（2001)、格雷夫（2006)、肯·宾默尔（1994，1998)、佩顿·杨（1998）等将制度视为博弈过程中内生的制度化规则，或博弈均衡时参与者采取的策略。制度的功能主要是降低博弈过程中的不确定性以及策略协调等问题。

青木昌彦将博弈论运用于比较制度分析中，比较分析了美国和日本两个国家不同的企业和金融制度，还有政企关系。关于信念的重要性，他认为制度变迁与人类参与博弈的心智过程有关。当出现与预期结果不符的“信念危机”时，参与者通过不断修改其信念直至达到新的博弈均衡，推动了制度变迁。格雷夫运用历史制度分析方法研究了中世纪远程贸易中的马格里布和热那亚商人的文化信念和声誉制度。格雷夫强调文化在制度变迁中的重要性，他认为人类社会制度的差异性主要源于文化信念的异质。社会制度的变迁是由于人类博弈规则的新旧更替引起的。肯·宾默尔认为正义是人们在具体情境中理性选择的结果，是在博弈均衡状态下达成的一种社会契约。佩顿·杨也将制度视为内生于博弈过程的均衡现象，基于个体有限理性的假设，通过演化博弈分析制度生成的选择、变异和复制三个机制。对于非正式制度的演化，他认为主要源于一些随机事件引致的新旧惯例的更替。

4. 历史制度主义关于制度变迁的相关研究

历史制度主义是近年来在政治学领域研究的重要理论分支之一，其标志性特征是将历史维度纳入制度分析当中，将研究视角对准制度在历史过程中的变化。历史制度主义强调制度环境和历史时间的重要性。强调外在制度环境的变化导致了制度内部平衡被干扰或被打破，从而导致制度变迁。从环境和制度的互动关系来分析战争、经济危机等外部冲击以及内部多重因素对制度变迁的影响机制，从更宏大的角度来分析制度变迁。历史制度主义强调制度的变化是一种渐进式的变迁，是既有的制度基础上的创意，反对全面地、理性地进行制度设计。历史制度主义的理论体系包含制度理论和时间理论。制度理论主要包括制度变迁和制度效能理论。时间理论包括时间序列分析、关键节点分析等，解释制度形成和制度变迁的过程，则更强调历史的偶然性和路径依赖。

“间断平衡”（又称“断裂均衡”）① 是早期历史制度主义研究制度变迁的主要理论。克拉斯纳（1984）首先在制度变迁研究中引入使用。他认为突然出现的制度变迁危机会打破长期的制度稳定，发生周期性的间断，制度游离于稳定和突变之间发生交替变动。间断强调了制度变迁中的不连续性，而平衡则强调了制度的内在运行机制。间断以关键节点为中心，而平衡则以路径依赖为核心。当代历史制度主义更侧重于研究制度变迁研究的关键节点和路径依赖模式。保罗·皮尔逊（2000）提出的时间序列分析是历史制度主义的重要理论。他把制度变迁中不断强化或自我维持的倾向称为“路径依赖”。路径依赖的形成是由于制度形成本身具有一定的偶然性、惯性、时序性等特征，从而导致制度变迁的高转制成本以及学习效应等，制度变迁的路径也会由此得到自我强化。在历史制度主义看来，关键节点一定会产生制度变迁。科利尔夫妇（1991）用关键节点来解释拉丁美洲的政治转型模式。他们认为关键节点发生的事项，通过遗产的产生机制和再生产

① 间断平衡理论是对古生物化石缺少中间演化类型的一种解释。间断平衡描述了一个系谱长期所处的静止或平衡状态被短期的、爆发性的大进化所打破，伴随产生大量新物种。

机制影响制度变迁①。因此，关键节点对制度变迁影响深远，倘若先行条件下出现的断裂触发了关键节点产生，则会出现制度变迁中所谓的“间断平衡”，制度在保持长时间的稳定过程中，偶尔会被危机打断，并产生突变式的制度变迁。

（二）国内关于制度变迁的研究文献

改革开放40年来，中国通过制度变革来驱动市场化进程，走出了一条中国特色发展的道路。国内众多学者在学习借鉴已有理论的基础上，结合中国鲜活而密集的制度探索经验，为丰富和发展中国的制度变迁理论做出了重要的理论贡献。代表性的成果有：（1）林毅夫、樊纲、杨瑞龙等人对制度变迁理论中国本土化的研究；（2）钱颖一、周黎安、张军等从政府行为和政治体制角度来解释中国经济增长和地方制度创新；（3）陶一桃、苏东斌、鲁志国、袁易民、钟若愚等从经济特区充当改革开放“窗口”和体制机制改革“试验田”的功能角度等方面，系统研究了经济特区在中国社会转型发展过程中的历史性贡献和独特价值。

1. 关于制度变迁理论的本土化研究

樊纲（1993）认为改革通常要支付实施成本与摩擦成本，剧烈的社会冲突以及对改革的反对，对改革而言具有毁灭性的效果。因此，在条件不允许的情况下，选择激进式改革不适合中国国情。选择何种制度变迁方式，受制于利益集团之间的权力结构和社会偏好结构。林毅夫（1993）提出经济改革成功的原因在于政府发展战略的调整，通过放松过去的“三位一体”管制，推行具有比较优势的发展战略。他系统总结出中国渐进式改革的特征，即增量改革、试验推广、非激进改革，并给出合理的逻辑解释。林毅夫（1994）进一步扩展制度变迁理论，提

① Collier. Ruth Berins and David Collier. Shaping the Political Arena: Critical Juncheres, the Labor Movement and Regime Dynamics in Latin America [M]. Princeton University Press, 1991.

出了诱致性变迁和强制性变迁。强制性制度变迁是国家在追求租金最大化和产出最大化目标下通过政策法令实施的制度变迁，而诱致性制度变迁是人们在制度不均衡时追求潜在获利机会的自发变迁①。罗荣渠（1993）按照推进的策略和速度不同，将制度变迁划分为激进式和渐进式两类。激进式制度变迁（又称突变式变迁）是在短暂的时间内发生迅速的制度变革，具有突变性特点。渐进式制度变迁是在较长时期内以常态方式缓慢推进的制度变革。

杨瑞龙（1993，1994，1998，2000）基于中国政府主导制度变迁的国情特点，认为中央政府与地方政府在目标上很难取得一致，地方政府通过独特的功能角色影响制度变迁，提出中间扩散型理论。在制度变迁过程中，产权制度的深化改革至关重要。政府主要负责产权的界定和保护，并以此推动制度实现变迁。当获得制度变迁的潜在收益受到私人财产权阻碍，或制度创新不能排除外部性或"搭便车"效应时，由政府直接组织制度创新。黄少安（2000）结合中国等转型国家的经验事实，强调政府力量在市场化改革中的阶段性作用，利益以及其他因素都会对制度变迁主体的角色定位产生影响，制度变迁的边际收益曲线呈现倒U型特征。韦森（2003）借用演化博弈论来分析文化与制度的关系来研究非正式制度的演化。他认为社会制度是人类博弈活动中的秩序和固化下来的博弈规则，文化的演化和传播机制推动了制度的形构和演进。

2. 从政府行为和政治体制角度来解释地方政府的制度创新

地方政府具有独立的目标函数和推动制度创新的行为意愿。钱颖一、许成钢（1993）认为，中国的经济改革为什么与众不同，关键在于独特的行政分权和M型经济结构构成了地方开展局部政策试验的有利环境，如果试验成功，则向全国扩展推广，中央政府通过分权来进行管制的放松。钱颖一等（2005）提出"中国特色的联邦制"或市场维

---

① 林毅夫．关于制度变迁的经济学理论：诱致性变迁与强制性变迁．见罗纳德·H.科斯．财产权利与制度变迁——产权学派与新制度学派译文集［M］．上海：上海三联书店，上海人民出版社，1994：371－409.

护型联邦主义的理论假说来对中国经济的成功进行解释。认为行政分权和财政分权共同激励地方政府去致力于维护市场和发展经济，就此提供经验证据。但蔡洪斌等（2006）等认为改革中的试点更可能是派系政治的结果。张军（2007）、高远（2007）认为，不同于标准的苏联型计划经济体制，中国长时期演变出来了在计划管理和财政上面向地方的分权体制。他们从中国的中央地方关系的体制演进，以财政分权为切入点讲述了转型与增长的中国故事。研究表明官员任期与经济增长的关系呈现倒 U 型特征，官员的异地交流对经济增长也有积极的影响，且东部大于中西部。

周黎安（2005，2007）成功地解释了政府官员致力于经济增长的激励来自何处，提出晋升锦标赛是激励中国政府官员发展经济从而造就中国经济奇迹的重要线索。在当前以经济建设为中心的导向下，地方政府通过打“擦边球”，制造“灰色地带”等屡禁不止的行为，与中央政府进行博弈和周旋，寻求一些政策领域的额外利益，客观上印证了中央政府对政绩观的隐性承诺。因此，相比于比财政分权和行政分权，职位晋升对政府官员的激励要更为持久和显著，客观上促使政府向发展型政府转型。

3. 研究经济特区在中国社会制度变迁中的独特功能和价值

陶一桃（2010，2014，2016，2018）、陶一桃和鲁志国（2008，2017）、袁易明（2015，2018）、苏东斌和钟若愚（2009，2010）等系统论证了经济特区在中国社会制度变迁中的独特功能和价值，尤其是深圳在充当开放“窗口”和体制机制“试验田”的突出成就。陶一桃认为，经济特区开启了中国社会改革转型的探索征程，作为一种强制性的制度安排，它打破了计划体制下的均衡状态，降低了制度创新的体制阻力、意识形态和社会成本，规避了改革有可能带来的更大的风险，使制度变迁的绩效在短时间内就能迅速显现出来，使得非均衡发展成为中国社会制度变迁的最佳路径选择。“回流效应”“扩散效应”“涓滴效应”等机制在制度变迁中发挥了独特的作用。她进一步系统总结出经济特区为中国制度变迁做出的五大历史性贡献：探索了中国特色社会主义市场经济体制；探索出一条独具中国特色的发展道路；体现了特区人敢闯、创新的特区精神；以创新实践推动经济增长方式的转变；印证了人的自由发展是社会发展的真正内容与根本目标。苏东斌和钟若愚总结了经济特区的两条基本经验，即改革的市场经济取向和对人的解放，以及中国经济特区的三大历史性贡献。袁易明认为制度创新试验和带动全局性经济起飞是中国经济特区有别于世界其他经济特区的两大标志，具有三大制度贡献：超越外资引进的有效发展制度供给；超越"模式静止"的动态优化模式；超越制度外源的内生性制度供给。

二、关于土地制度变迁的研究

近代以来，中国土地制度的多次重大变革为发展制度变迁理论提供了丰富的研究素材。目前，有关土地制度变迁的研究文献多集中于国家宏观层面的农地制度改革和产权制度改革等领域，强调改革开放的时代背景，形成了丰富的研究成果。深圳作为推动中国制度变迁的先行先试者，围绕土地制度的开创性探索贯穿于经济社会的发展始终，密集的制度探索实践为开展理论研究提供了经验支撑，但总体而言，系统地以深圳土地制度变迁为研究主题的理论成果还相对较少。

（一）中国土地制度变迁的相关研究

从宏观历史的视角来探讨中国土地制度变迁的历史脉络和变革逻辑。帕金斯（1984）研究自明代以来600年中国农地的租佃模式和租佃率，张五常（1969）对分成租佃制度做出了新解释，建立了"新佃农理论"，两者都论证了传统农业的成功。长野郎（2004）通过对中国土地制度的沿革、土地分配及所有权、土地整理、土地课税、佃种制度的研究，对中国农村土地制度进行了深入分析。高海燕（2007，2015）认为路径依赖、国家设计和集团博弈合力形塑了20世纪中国土地制度的变迁轨迹，公平和平均的观念将长久制约土地制度的变迁。刘正山（2014）立足当今中国热论的土地问题，分析了中国从农耕社会到现在的土地制度变革史，提出对未来中国土地制度变革的建议。钟怀宇（2014）对中国历史上土地制度变迁历程的系统回顾，从公有制与私有制形态交替演变的历史脉络和变革逻辑进行了探讨。

中国的农地制度改革是一个热门的研究领域。林毅夫（1994，1999）较早地分析研究了农村改革对中国农业增长的影响。他认为家庭联产承包责任制的制度安排，对80年代初农业产出的惊人增长起到关键作用。刘守英等（2007，2012，2014）以土地制度改革推动中国经济高速增长为逻辑线索，深刻阐释了政府通过控制土地权力来掌控发展主导权的中国特色发展模式。通过探讨土地财政的形成，指出“以地谋发展”面临的经济社会风险，建议进一步改革土地制度，实现发展方式转变。张平和刘霞辉等（2011）深入探讨中国城市化和财政扩张的原理和机制，认为土地要素被重估，直接成就了政府的“土地财政”，通过扩张公共基础设施的投资，推动了土地城市化和区域经济增长。后续唯有转变政府职能，改变财政体制和筹资用资模式，才能推动城市化带动的经济持续增长。黄少安、孙圣民（2005，2007）将政治过程因素纳入制度变迁模型，分析了制度变迁中国家和农村社区及农民之间讨价还价的过程和谈判结果。通过实证分析1949—1978年中国的农业生产效率，得出土地产权制度的差异对农业总产出的影响较大。丰雷等（2013）通过对中国农村土地调整的制度演进及地区差异进行实证分析，发现中国农村土地调整的制度演进具有诱致性制度变迁的特征，中央正式规则的渐进性实施特征是导致不同地区土地调整制度差异的重要原因。进行土地确权有助于减少土地调整，增进地权稳定性。

从产权角度对中国土地制度改革进行绩效验证和创新研究。罗必良、何一鸣（2008，2010，2012，2014，2017）提出产权管制理论研究范式，把经济体制转轨理解为一个产权管制不断放松的过程。通过构建一个“产权管制结构—体制选择行为—经济制度绩效”的新SCP理论解释经济体制转轨现象，并利用1958—2005年中国农业经济数据进行实证检验。周其仁（1995，2004）通过对20世纪80年代农村改革经验的回顾，认为政治运动形成的土地所有权之所以能形成新的有效产权，主要是通过国家和农民以及农民之间的交易达成新的平衡。因此，国家保护有效率的产权制度是长期经济增长的关键。他还研究了城市化过程中重新界定农地转让权所面临的限制条件和选择，探讨现存法律安排下人们的实际行为及其经济含义。张红宇（1998，2002）认为，中国自1978年以来的农地产权制度改革及政策设计是一种帕累托最优的选择，并从政治表现、经济发展和制度创新等角度对我国农村土地制度变迁的绩效进行了分析和总结。曹正汉（2010）认为，作为主导征地的地方官员受到任期限制，在土地资源的开发上具有透支动机，并以此解释了弱者的产权的形成机制。何·皮特（2014）深刻地诠释"可信度"和"空制度"两个概念，认为中国农村改革取得的成功，关键在于政府所采取的放手政策，及其所刻意坚持的制度模糊原则，这两者促成了适合不同地方特性并具有可信度的制度的产生。因此，模糊的土地产权对中国经济和社会的发展模式的影响是深远的和具有决定意义的。

（二）深圳土地制度变迁的相关研究

罗罡辉（2014）、查振祥（2015）、段磊（2018）、戴小平（2019），以及施源、林强（2020）等深圳本土学者分别对深圳市合法外用地的管理政策变迁、土地利用模式创新、城市更新、土地整备等领域进行深入研究，结合历史背景梳理发展背景、演进历程、制度设计、政策体系和实施机制，为破解存量土地开发利用及土地历史遗留问题等提供政策建议和解决措施。徐远、薛兆丰等（2016）认为，深圳迄今取得的非凡成就来自观念、制度和组织的创新，其中广纳各地人才与土地市场化，是深圳成就的两大支柱。通过梳理深圳多年来的各项土地政策、效果及遗留问题，提出相关政策建议。贾康（2015）从土地制度改革的理论难题和现实矛盾破解入手，深入分析农村土地私有化、维持集体土地所有制和实行集体土地国有化三种路径的利弊，结合深圳的实践经验，建议采用渐进式的方式，分步实施土地国有化。赵燕菁（2014，2019）提出，深圳、厦门等经济特区通过出让城市土地使用权，为基础设施建设融资，开创了一条以土地为信用基础，积累城市化原始资本的独特道路，土地财政是中国城市化启动的关键制度。王媛（2012）认为《深圳市土地管理制度改革总体方案》正式公布，标志着深圳以盘活存量土地的探索有可能再一次为高度城市化阶段的城市经济转型提供示范效应，高水平土地资本化为核心的新一轮“土改”正式拉开帷幕。李勃等（2015）认为深圳根源上是制度安排的产物，紧邻香港的空间特征赋予深圳政策区位优势与地理区位优势，地理区位优势诱致深圳的经济制度变迁。付莹（2014，2016）从深圳经济特区初创时期土地租赁制度的成功实践着手，总结有偿使用土地制度变迁的阶段性特征，认为土地资源完全市场化配置，以及原农村集体土地溢价收益选择分配等代表性制度和做法，对我国有偿使用土地的立法和实践产生了积极影响。聂家荣等（2015）从认知权利理论研究了原农村集体土地的权益分配模式。刘成明等（2015）对土地历史遗留问题处理路径的合理性进行了探讨。王如渊（2003，2005）、刘芳和张宇等（2011，2015）、邹广（2015）、邹兵（2017）、谢涤湘等（2017）对深圳特区城中村土地收益、“留地安置”模式、城市更新、统征（转）地的制度演变历程，以及土地城市化进程等方面进行了相关研究，结合土地的产权属性、收益分配、规划建设规范性、制度演变的绩效等分别提出具体的政策和建议。

三、总结性述评

目前，国内外学者对制度变迁的理论内涵进行了丰富的论述，呈现出百家争鸣的态势，但就解释力而言，各有所长。土地制度无疑是验证理论的一个很好的试验场，因而分析土地制度变迁的演进逻辑并进行检验，一直是经济学界的热门选题。国内学者基于中国社会转型背景下，结合已有的制度探索经验，进行本土化改造和发展，以此来理解并解决中国的土地问题。本书将进一步对上述文献进行简要评述，以便明晰思路，为聚焦研究深圳土地制度变迁提供理论参照。

（一）关于制度变迁演进规律研究的小结

制度变迁究竟是自发演化生成，还是人为理性设计？哈耶克认为，制度非人类理性建构有意为之，而是人类经验积累演化的产物。因为个人有限的信息与知识很难具备设计出一个制度所需要的全部完备信息与知识。自发秩序理论解决的只是制度变迁的一个必要条件，缺点是没有分析制度变迁过程的规律。诺思、阿西莫格鲁等人的大量研究表明，人类社会持续的制度创新和产权等制度对技术改进成果的保护带来了人类长期的经济和社会发展。显然，是否要进行人为的制度设计，在这个问题上理论界存在分歧，大部分学者赞同通过人为设计来改善和提高制度绩效。

制度在某种意义上虽然是人类行动的产物，且大多由理性设计而成，但制度的演化也有自身的规律和变迁路径。历史制度主义重视制度变迁中的偶然性和路径依赖性。回归深圳土地制度改革的原点，特区初创时实行的是典型城乡二元土地制度，凭借着特殊的政策制度优势和毗邻港澳的地理区位优势，深圳通过创造性地学习借鉴香港的土地批租制，以低成本的土地解决了资本约束和招商引资等问题，拉开了深圳土地制度变迁的序幕。因此，本书持正式制度主要是人为理性设计或引进，而大多数非正式规则或规范以及习俗等将呈现自发演化的观点，深圳土地制度变迁更多地以试验探索的方式呈现出人为设计的特征。

强制性制度变迁是以“自上而下”的方式由政府充当“第一行动集团”，通过政府命令和法律形式进行制度变迁。而由微观个体，受制度创新获利机会的引诱，自发倡导、组织和实现的“自下而上”的是诱致性制度变迁。在中国的当前制度背景下，土地制度作为国家的根本制度，其安排和调整必然是以政府法律法规的形式直接颁布，因而具有明显的强制性的制度变迁特征。周其仁等揭示了国家与农民以及农民之间的交易形成有效产权推动80年代农村改革的成功经验。罗必良、何·皮特等学者的研究表明，经济体制转轨本质上是一个产权管制不断放松的过程。政府所采取的放手政策和产权模糊原则，促成了适合不同地方特性并具有可信度的制度产生。农地制度改革是国家制造、剥夺和局部归还农民所有权的过程。因此，本质上深圳土地制度变迁是由政府充当“第一行动集团”，主导推动之下实施的强制性制度变迁。

基于均衡而非演化的分析方法很难合理解释制度在长时间的稳定状态中，会在某一时期内被危机打断，产生突发性的、意料之外的制度变迁。这方面历史制度主义通过关键节点、路径依赖等概念进行了深刻阐释，强调制度变迁中的“间断平衡”，特别是外部冲击的影响。由于存在阶段性推进时序，制度安排有一定时间和空间上的调整余地，通过制度供给渐进式地进行制度累增，直至完成制度变迁。深圳土地制度演进具有独特的时空特征，在空间上两次集体土地国有化以“统征”和“统转”的方式由原经济特区内扩展到全市，国有土地使用权有偿出让制度从经济特区扩散到全国，时间上不断进行密集的制度和政策供给，渐进式的进行制度累增，推动着制度的变革。因此，深圳土地制度变迁在时空两个维度上兼具强制性变迁和渐进式变迁的组合特征。

（二）关于制度变迁中主体行为研究的小结

历史制度主义强调，制度塑造行动者的行为偏好和策略。如果将制度的变迁理解为制度主体之间的利益博弈，则各自的角色定位和转换取决于制度变迁带来的利益影响。目前，学者们对政府在制度变迁中的作用持有不同的观点。出于对“致命的自负”担忧和防范，哈耶克主张限制政府权力，保守地将政府的角色定位为保护私有产权等一般性规则的有效执行。布坎南和奥尔森认为，个体的理性选择往往会带来集体行动的困境，利益集团的产生导致制度的低效率锁定，因此，需要通过政府来制约和调整利益集团的行动，从而促进制度变迁的良性发展。政府的行为均是其内在逻辑的外在呈现，关键在于政治体制所赋予的角色定位和激励机制。林毅夫、钱颖一等国内学者等分别从政府发展战略转型，独特的行政分权和 M 型经济结构、政府官员的晋升激励机制等角度很好地解释了中国经济增长和地方制度创新之间的互动关系。改革开放的成功经验已经证明，政府在中国社会转型期作为制度供给者所起的作用不容忽视。深圳政府既是土地制度强制性变迁的发轫者，又是土地制度的供给者，面临复杂的经济社会环境，受限于制度环境约束，又背负特殊的历史使命，因而具有独特的行为逻辑，成为推动土地制度变革的关键力量。

土地制度与政策的变化会带来经济利益的调整和再分配。当前与土地利益关联度最大的主要是地方政府与原村民及集体经济组织。双方基于成本收益分析，会根据制度环境变化的具体情境来不断调整其策略和行为，从而在利益博弈中选择合作或发生冲突来寻求利益最大化。因此，破解深圳土地利用陷入博弈困境的不利局面，本质上是解决在某一历史阶段的制度环境约束下主体行为选择的集体决策问题。政府应致力于产权制度方面的创新，尽可能地拓展制度选择空间，避免制度供给不足。同时也要适时选择简政放权，构建土地增值分配共享机制，充分发挥市场配置力量，并以此来突破当前的博弈困境，改变无效率的状态，提高土地制度绩效。

（三）关于深圳土地制度变迁的研究小结

当前研究深圳土地制度的相关文献，充分体现了问题导向的研究特点。学者们大多聚焦在个别或某方面的土地问题来进行探索以寻求突破，但较少从历史的宏观视角来深入考察研究深圳土地制度变迁的全貌，并对其复杂的演进历程和多元特征进行全面解释。在研究中引入历史分析方法可以全面真实地呈现深圳土地制度变迁的演进脉络，从而探讨若干影响制度变迁的重要变量：制度环境、政治权威、特殊政策、意识形态等，找到深圳土地制度变迁内在的因果联系和发展规律。

制度变迁的动力来源于制度与环境的耦合互动。土地制度嵌入制度环境之中，制度环境对其构成了外在的约束，中国土地制度变迁所呈现的渐进式特征对此充分予以印证。一项制度的实施需要与之契合的其他配套制度，如果与制度环境不相适应，则会导致激励与约束机制失灵，带来制度绩效与预期不符。超前的制度变迁可能会导致制度改革失败，制度通常会以一种隐性的法外方式继续存在，等待制度环境调整并予以接纳。任何一项制度的产生都是特定经济社会发展阶段下的产物，脱离具体的历史情境去认识制度是没有意义的。深圳土地制度的形成是特定的政治、经济和社会环境以及意识形态的外在约束下形成的产物。因此，本研究接下来将通过构建一个“环境—行为—绩效”的理论分析框架，将土地制度变迁置于改革开放和经济体制转型的历史背景下，从包含结构和时间两方面因素的制度环境角度，全面梳理回顾深圳土地制度历史演变脉络，深入研究推动深圳土地制度变迁的演进规律。以深圳当前面临的土地问题作为分析起点，厘清其历史成因及制度原因，探寻突破现有制度约束的创新发展路径。通过比较借鉴国内外典型地区土地的经验与做法，总结共性规律，对现行土地制度进行理论反思，为进一步深化土地制度改革提供参照与启迪。

第二节 理论分析框架

一、分析框架：“环境—行为—绩效”

本书主要研究以下几方面的问题：一是构建一个理论分析框架，从制度环境、主体行为与制度绩效来分析研究深圳土地制度变迁的起因、过程和绩效不同的演进逻辑；二是基于历史分析全面梳理回顾深圳土地制度演变的历史脉络，对深圳土地制度变迁进行阶段划分和系统研究，理解土地制度生发、演进的内在机理，总结深圳土地制度变迁的演进规律和总体特征；三是从理论视角探讨深圳现行土地制度中存在的主要问题，通过比较借鉴典型地区的经验与做法，探寻突破现有制度约束的创新发展路径。

制度变迁不仅受经济社会等宏观因素影响，也受制度内部主体价值偏好的影响，同时还与历史关键节点等时间变量密切相关。本书在传统的“结构—行为—绩效”研究范式基础上，重视路径依赖、关键节点等历史因素对制度变迁的影响，将包含结构因素和时间因素的制度环境作为分析的出发点，为研究制度环境约束下主体行为博弈对新制度形成的影响机制及实施绩效，构建出一个“环境—行为—绩效”的理论分析框架（如图 2－1 所示），对深圳土地制度变迁展开全面研究。

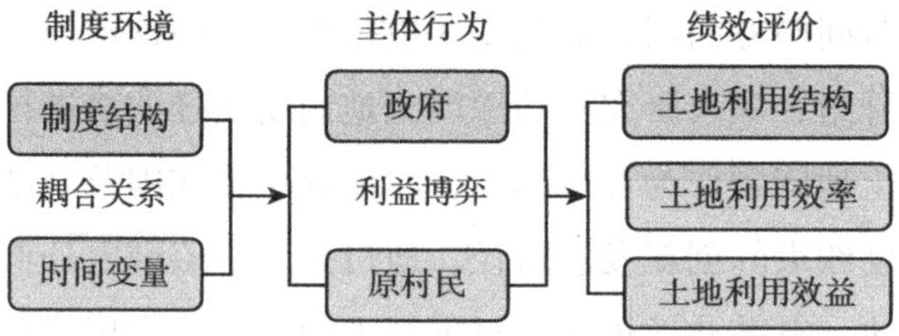

图 2－1 “环境—行为—绩效”理论分析框架

制度环境构成制度变迁的外在约束，制度变迁的动力来自主体行为，制度环境和行动主体的选择行为共同决定制度变迁的方向、路径和绩效。当现有的制度安排不适应经济社会环境的发展需求时，制度绩效的明显下降会使得制度内部与外在环境之间形成矛盾与冲突，随着制度控制能力的下降，达到临界点之时，制度危机就会产生，稍显滞后的制度安排需要进行相应的调整，以应对制度环境和制度主体的行为变化。然而，由于制度存在路径依赖性，新的制度均衡形成并非一蹴而就，既需要把握与制度环境适时耦合的时点，也需要提供有利于刺激行动主体进行制度供给的激励机制。

制度安排的响应速度要与制度环境的调整变化相契合，即找到与制度环境变化耦合的关键节点，才可能达到制度供给的预期目标。相对于制度环境的变化，制度安排响应速度慢，则会降低制度绩效，若速度过快，也会由于与其他制度的匹配性和互补性，以及与制度环境整体的耦合性影响到制度供给预期的绩效。此外，制度是由人的行动推动创设的，制度变迁是制度环境约束下主体博弈达至均衡的结果。在新的制度供给下，主体行为逻辑的异质性必然会导致其行为决策会产生差异，进而会导致不同的制度变迁路径，对制度的实施绩效产生重要影响。因此，从某种意义上讲，制度绩效是制度环境约束下制度主体行为博弈结果的外在呈现。制度环境是客观因素，制度主体的行为选择是主观因素，制度环境形塑制度主体的行为选择，制度安排的调整滞后可能会使制度主体陷入制度困境。

基于所构建的理论分析框架，接下来本研究将分别就制度变迁的制度环境、主体行为和制度绩效的内在作用机制进行全面的理论诠释。

二、制度环境：历史时间与制度结构的耦合

制度环境构成人们进行制度安排的选择约束空间，历史时间也会对制度变迁产生关键影响，制度与环境的互动推动制度变迁。

（一）制度结构因素与制度变迁

制度结构是一个社会中所有制度安排的总和。诺思（1993）把“一个社会的政治和经济制度、技术、人口意识形态都包括在里面”。制度嵌入一定的制度结构之中，制度的实施效果取决于制度结构中其他制度与之匹配的契合程度。制度安排带来的不均衡往往会导致相对价格和潜在收益发生变化，从而诱致制度变迁。土地制度作为社会制度结构的一部分，受特定的政治、经济等环境因素影响，来自土地管理制度结构、经济产业结构，以及土地产权结构等方面的变化在土地制度变迁中发挥着关键作用。

一方面，社会制度结构的变化，构成土地制度变迁的外在条件诱因，引致土地制度安排的调整，并影响着制度变迁的方向和内容。比如，随着国家对农村集体土地转为国有建设用地的限制加强，以及实施更为严格的耕地保护和土地用途管制政策，合力构成推动深圳两次集体土地国有化的重要政治变量。深圳政府在土地国有意识形态影响之下，推动土地制度改革的目标服务于以经济建设为中心的发展战略，从属于配合地区经济社会发展的宏观目标。因此，为满足快速工业化和城市化对土地的迫切需求，基于上述逻辑，政府选择以政治化、运动式的方式强制推动两次集体土地的国有化。另一方面，土地制度的安排带来土地资源现状的变化，也会倒逼着政府进行土地制度调整来适应经济社会发展的需求变化。经过近四十年的高速发展，面临土地和空间资源难以为继的硬性约束，深圳被迫率先开启城市更新、土地整备等存量土地再开发的制度创新和试验，来满足产业转型和城市发展对制度调整的新需求。因此，制度安排要考虑与制度结构的匹配性和互补性，否则会影响到制度供给的预期绩效。制度环境的结构因素变化对制度变迁具有重要的影响。从某种程度上讲，制度环境决定着制度变迁的选择空间。

（二）时间因素与制度变迁

制度变迁具有明显的历史延续性，不仅受制度环境的结构性影响，还会受路径依赖、关键节点等时间要素的影响。美国学者保罗·皮尔逊（2004）认为，路径依赖、关键节点、意外后果、序列、时间、持久性、时序七个时间因素会对制度变迁产生影响，路径依赖和关键节点对制度变迁的影响最为关键。

1. 制度变迁中的路径依赖

关于制度变迁过程中的路径依赖成因，一般认为，报酬递增、不完全市场、利益有关要素、随机性因素等导致制度形成了路径依赖。报酬递增可视为制度自我强化或者正反馈的过程。某项制度会随着运行时间的推移表现出报酬递增效应，制度效益的累积会进一步强化路径依赖的产生。制度主体基于信息不完全以及交易成本的存在，其主观模型通常会受到约束，由于对新制度的认知成本较高，从而愿意维持既有制度的支配地位。而与既有制度相关的利益集团也会应运而生，利益集团之间出现博弈力量的均衡，或是来自居于主导地位的统治集团的竭力维护（比如通过意识形态的方式来施加影响），也会导致一项制度安排长期处于某种均衡状态，或者陷入无效的锁定状态。此外，无法预测的偶然性等随机因素，也会对路径依赖造成较大影响。

一项制度安排在初始阶段，往往会受到经济社会环境、决策者的行为逻辑以及小概率的“黑天鹅”事件等因素影响，从而改变其运行轨迹，导致制度在自我强化机制的作用下形成路径依赖。深圳土地制度变迁的初始状态是典型的城乡二元土地制度，即城市土地国有制和农村土地集体所有制并存。土地制度变迁过程中的制度安排、制度环境的变化，均始终坚持土地社会主义公有制的制度底线。1987 年深圳敲响新中国土地使用权拍卖第一锤，推动了国有土地使用权有偿转让制度的确立，突破了行政划拨、无偿无限期使用的计划方式。此后，源于集体土地产权的不完整，法律没有赋予集体土地进入市场的合法通道，在国有土地独占市场准入的制度设计下，深圳土地制度遵循着“先国有化，再市场化”的资源配置逻辑，从特区内的集体土地“统征”，再到特区外的集体土地“统转”，在自我强化机制作用下，逐步发展成“唯有国有化，才能市场化”的演进路径，而没有在土地产权上再做创新性的突破，因而整体上呈现出明显的路径依赖特征。

2. 制度变迁中的关键节点

历史制度主义学者认为，关键节点是路径依赖的起点，制度变迁往往发生在关键节点。关键节点还是历史发展的转折点，重大事件往往发生在此节点，影响并决定着制度变迁的方向和路径。分析研究关键节点需要关注事件的前因和条件，探寻关键节点产生的过程机制，以及结果、影响和制度遗产。

乔瓦尼·卡波奇等（2017）强调关键节点处的制度选择往往是由

拥有权力优势的关键行为者所做出的，包括政治领袖、政策制定者、官僚、法官等[①]。纵观中国改革开放的发展历程，在多个重大的历史时刻，以邓小平为核心的党中央领导集体做出的重大决定深刻地影响着中国经济社会体制转型的道路。十一届三中全会开启了中国改革开放的进程，确立了以经济建设为中心的国家发展战略和改革开放的基本国策。党的十二大又明确指出，80 年代我国人民的核心任务是抓经济建设，允许对于部分产品的生产和流通不作计划，而由市场调节。十二届三中全会关于《关于经济体制改革的决定》，形成了社会主义商品经济理论。1992 年的“南方谈话”，对进一步深化改革开放起到至关重要的推动作用。国家方针政策的调整构成了深圳土地制度改革的政治基础，以及关键节点的重要推动力。因此，从历史发展的视角看，重视关键节点的政治经济环境和人为因素等外部力量影响，将有助于分析深圳土地制度变迁的演进历程和内在逻辑。

三、主体行为：制度环境约束下的利益博弈

制度环境构成了制度变迁的外在约束，制度主体的利益博弈是推动制度变迁的重要动力，制度环境与制度主体共同决定着制度变迁的方向、路径和实施绩效。

（一）制度环境与主体行为

“一切社会科学的理论化，暗含地或明确地，都建立在人类行为概念的基础上”[②]。理解和界定个体行为方式是所有社会科学研究的逻辑起点。经济学研究人类在约束条件下的行为选择问题。基于“理性经

① 乔瓦尼·卡波奇等．关键节点研究：历史制度主义中的理论、叙事和反事实分析［J］．国外理论动态，2017（2）：14－28.

② 道格拉斯·C. 诺思．制度、制度变迁与经济绩效［M］．上海：格致出版社，上海三联书店，上海人民出版社，2008：23.

济人”和“有限理性”的前提假设，人类一方面具有追求个人财富（或利益）最大化的行为倾向，另一方面受信息获取和处理能力的制约，对外在世界的认识能力有限。此外，人们的选择行为还具有机会主义倾向，能够对自身行为做出调整进而谋取更大利益。制度是被社会中的人们共同认可和接受的规则体系，通过激励和约束人们的选择行为，并增进其可预见性，形塑相互间的关系。制度嵌入制度环境中构成行动主体的外在约束条件，特定的制度环境（包含结构和时间因素）都会对行动主体实现自身利益诉求的选择行为产生重要影响。

（二）主体行为与制度变迁

青木昌彦（2003）将制度看作博弈规则和博弈均衡。一方面制度环境约束并决定着行动主体博弈的行为边界，另一方面参与主体基于逐利动机，在制度约束下通过占优策略的选择，在互动博弈中达至某种均衡，实现自身利益的最大化。而从某种意义上讲，经过博弈形成的制度均衡状态就是制度绩效的外在表现。一般而言，制度中的少数行动主体很难推动制度实现变革或创新，制度变迁往往是全部行动主体多次博弈形成的结果。受技术进步、要素和产品相对价格的变化，以及经济社会结构因素的影响，制度内部主体的价值偏好等随之发生变化，产生制度供给需求。行动主体基于自身利益选择斗争、谈判、合作等行为策略参与博弈，并最终形成新的制度均衡状态，进而推动制度变迁。因此，制度变迁本质上是一个行动主体通过行为选择参与互动博弈并达至某种制度均衡状态的动态过程。

（三）制度变迁中行动主体的博弈分析

在制度变迁的不同阶段，主导推动制度变迁的行动主体不尽相同。政府和微观个体是推动制度变迁的主要行动者。行动主体基于不同的利益诉求，受意识形态等主观因素的影响，表现出行为偏好的异质性特点，具有不同的行为能力。在中国当前的制度背景下，基于政治权威和权力地位的不对等，微观个体地位较为弱势，且缺乏选择的能力与力量。因而，正式制度的变革往往是以政府主导的方式来推动，也使得土地制度的变迁具有“自上而下”的强制性特征。每一次土地制度与政策的调整必然会带来经济利益的调整和再分配。因此，随着经济社会的环境变化，在特定的制度约束下，地方政府与中央政府之间、地方政府与原村民及集体经济组织之间的互动博弈决定了土地制度进行变革的绩效水平。

土地制度变迁的行动主体具有不同的选择逻辑和行为特征。一方面中央政府基于人多地少的国情需要，采取了严格的耕地保护和用途管制制度，来保护粮食安全，守护耕地红线。另一方面，中央政府又通过土地制度和政策的调整激励并约束地方政府的用地行为。中央政府与地方政府之间的委托代理关系，对其在土地制度中的角色和职能产生了不可忽视的影响。在制度变迁的过程中地方政府具有追求政治目标和经济目标的双重行为特征。一方面，地方政府要对上负责，努力实现政策的效用最大化。同时通过与中央政府保持一致，落实政策和遵守规则，展现政治上的执行力，获得上级的满意度好评将有助于政府官员的升迁。另一方面，在“晋升锦标赛”的激励下，为了在地方竞争中占据优势，地方政府通过支配本地的资源（包括土地资源）并致力于推动经济发展，追求地区产出最大化的目标，对外展示政绩，寻求政府官员的个人升迁。例如，在当前以经济建设为中心的方针导向下，地方政府通过与中央政府进行博弈和斡旋，寻求一些政策领域的额外利益来谋求促进地区经济发展，客观上也印证了中央政府对经济发展导向的隐性承诺。深圳土地制度变迁是在改革开放和中央赋予率先改革的“政策特权”的制度环境下，由特区政府先行先试主导推动下的强制性变迁。深圳政府也具有追求政治目标和经济目标的双重行为特征。当制度环境发生变化时，政府适时调整制度目标，进而对制度变迁的方向和路径产生重要影响。

在土地制度变迁过程中，原村民及集体经济组织具有追求自身利益最大化的行为特征。土地制度一般以政府颁布法律或政府命令的方式实施制度安排，原村民及集体经济组织往往处于被动接受的地位。在中国的当前制度背景下，基于政治权威和权力地位不对等，原村民及集体经济组织一方面面临没有选择的选择，另一方面缺乏选择的能力与力量，尤其是话语权。因此，作为制度变迁的微观个体，原村民及集体经济组织的行为特征更多地表现为追求自身利益的最大化目标。基于逐利的动机，受新制度获利机会的引诱，便会及时调整行为自发组织参与和推动制度变迁。但另一方面，当制度变迁带来的好处远低于其预期收益，甚至带来利益损失时，基于成本收益考量，也会选择多种方式予以抗争，在与政府的博弈中来为自己谋取更大的利益。比如，面对“统转”，原村民及集体经济组织纷纷予以抵制，在自己实际控制的土地上“种房保地”，以此来维护自身利益，客观上导致存量土地利用开发难的博弈困境。

从某种意义上讲，深圳土地制度变迁既是政府主导下推动的强制性制度变革，也是在特定制度环境约束下政府与原村民及集体经济组织之间基于不同的利益诉求，通过行为选择参与博弈并最终达至某种均衡的结果。

四、制度绩效：制度变迁的绩效评价

诺思（1994）认为绩效是制度在具体实施过程中的表现。制度本身的特殊性决定了它对经济增长的贡献，要通过与其他非制度因素的相互作用而表现出来，因此讨论制度绩效需要结合其他相关因素来综合评价。制度往往由占据优势地位的利益集团根据其偏好和信念设计。政府推动土地制度变革的目标服务于经济社会发展的现实需求，并根据制度环境的变化，对制度安排进行适时调整。因此，本研究根据制度被设计的目标及其所承载的功能来评价制度绩效，如果制度的实施效果达到了所设定的目标，通常可以认为制度是有效的。此外，受限于历史数据的可获得性和连续性，以及土地要素对经济社会发展的隐性贡献，难以完全剥离出来。因此，本书未采用计量模型来开展研究，而是侧重于通过对土地利用产出水平等相关指标的变化来间接对深圳土地制度变迁的绩效展开验证分析。

土地是重要的生产要素，能直观反映土地利用产出水平的主要指标，包括土地利用结构、土地利用效率、土地利用效益等相关指标。本书着重于通过分析这三方面相关指标的变化来间接对深圳土地制度变迁的绩效水平进行总体评价。在评价指标体系中，土地利用结构主要通过各类用地的利用现状及时空变化两方面的指标数据来进行分析；土地利用效率主要通过土地利用强度、地均产出水平和土地利用方式三方面的指标数据来展开分析；土地利用效益主要通过经济效益、社会效益和生态效益三方面的数据指标来进行分析。

（一）土地利用结构

土地利用结构是自然客观条件和人类经济社会活动综合作用的结果，反映了土地要素在产业结构之间的分配比例。土地要素对经济增长的贡献，主要来源于土地利用结构变化产生的推动力。土地利用结构主要体现在两方面：（1）土地利用现状，如各类用地的面积大小、占比以及区域分布等相关指标；（2）土地利用结构的时空变化，如各类用地结构的变化等相关指标。

（二）土地利用效率

土地利用效率在资源科学领域主要是指土地“物尽其用”的程度。土地利用效率主要体现在三方面：（1）土地利用强度，如人口密度、土地承载力、建成区面积占比、建设用地供应量等相关指标；（2）地均产出水平，如经济密度、建设用地单位产出水平及区域表现、工业用地产出效益等相关指标；（3）土地利用方式，如建筑容积率、土地供应规模及数量、土地供应结构、土地供应区域等相关指标。

（三）土地利用效益

土地利用效益主要是指单位面积的土地在经济、社会、生态环境等方面所实现的物质产出或体现出来的有效成果。土地利用效率主要体现在三方面：（1）经济效益，如土地出让收入水平、土地收入占公共财政收入比重等相关指标；（2）社会效益，如公共财政支出、居民收入水平、医疗卫生发展水平、教育发展水平等相关指标；（3）生态效益，如建成区绿化覆盖率、人均公园绿地面积、环境治理水平、空气质量等相关指标。

第三章

深圳土地制度变迁的演进历程分析

回顾近四十年的演进历程，深圳土地制度整体呈现出变化频率高、方式独特、内容丰富的特点。为适应经济社会环境发展的需求变化，政府围绕土地进行了大量密集的制度试验和政策试点，具出明显的阶段性特征。基于制度演进过程中的关键节点和制度成效，本书将深圳土地制度的演变历程划分为四个发展阶段（如图 3－1 所示）：初步探索阶段（1979—1991 年）；快速发展阶段（1992—2004 年）；基本形成阶段（2005—2011 年）；调整完善阶段（2012—2020 年）。

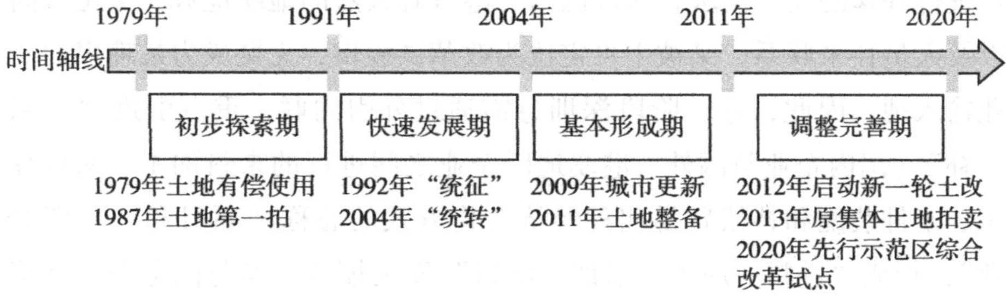

图 3－1　深圳土地制度的演进历程

本章主要从历史发展的维度对深圳土地制度的演变脉络进行全面梳理回顾。在对不同阶段深圳土地制度形成的历史背景、主要政策、制度变革及实施效果进行深入研究梳理的基础上，试图呈现深圳土地制度演进的“真实过程”，从而进一步理解深圳土地制度生发、演进的内在机理，探索深圳土地制度变迁的演进逻辑与特征。

第一节　初步探索阶段（1979—1991 年）

一、背景：发展建设资金匮乏

1979 年 1 月 23 日，深圳正式立市。1980 年 8 月 26 日，深圳经济特区正式成立。此时的深圳与其他城市一样，实行的是国有建设用地行政划拨、无偿无限期的使用方式。特区初创阶段重点是进行经济体制改革，加快基础设施建设，以及发展外向型经济。中央只赋予深圳改革试验的特殊政策，却无过多资金支持城市的建设发展。1979 年 4 月中央工作会议期间，邓小平指示，“中央没有钱，可以给些政策，你们自己去搞，杀出一条血路来”。1982 年，谷牧向广东省委指出“在政策上开明一些，放手让他们干，要钱，要物没有，要政策明确几条”①。此时，恰逢世界范围内产业转移的历史机遇，香港面临着将大量劳动密集型产业进行外移的发展需求，深圳因与香港有着天然的地缘优势、文化认同以及人员往来联系，又被中央定位为改革试验田，无疑成为最理想的产业输入地。因此，这一阶段深圳急需通过外引内联，重点引进“三来一补”（国内企业与国外、港澳地区企业之间进行的来料加工、来样加工、来件装配和补偿贸易四种经济合作方式的总称）项目和“三资企业”，形成“进料—加工—增值—出口”发展模式，参与国际分工和竞争，加快经济特区的起步发展。据统计，1979 年底，深圳市成立“三来一补”企业 200 家。1981 年底，外资企业已达 1800 家。1983 年，深圳“三来一补”项目已占所有引进外资项目的 82%，到 1989 年占 56.8%。总体来看，“三来一补”企业和“三资企业”的引进是深圳早期推动工业化发展的重要方式。这一时期，深圳面临经济发展和城市建设资金极为匮乏的窘迫局面，除了拥有中央赋予的特殊政策优势之外，能提供给政府支配使用的生产要素只有手中的土地。因此，面对国有建设用地无偿无限期使用的限制，如何在土地上做文章，尽快盘活土地来获取建设发展的启动资金，同时解决外资企业落地等问题，使特区政府产生了推动土地制度改革的现实需求。

---

① 深圳市史志办公室．深圳市大事记：1979—2000 年［M］．深圳：海天出版社，2001：18.

二、制度试验：国有土地有偿使用

经济发展需要与之相匹配的生产要素供给。特区初创时期，最大的资源约束来自经济发展和城市建设方面的资金匮乏。1979 年 7 月，国务院颁布《中外合资经营企业法》，规定合营企业应缴纳场地使用费，城市土地所有权与使用权合一的坚冰开始松动。这一时期，深圳充分利用毗邻香港的地理区位优势，主动承担香港产业转移，创造性地学习借鉴香港土地批租经验，在坚持土地所有权不变的前提下，通过“出租”土地、合作开发以及委托成片开发等方式，尝试“向土地要资金”，进行土地有偿使用的试验，初步体现了土地资源的经济价值。深圳具体采取的做法是：一是“出租”土地。1979 年 3 月，深圳一次性出租蛇口半岛 1000 亩土地给香港招商局，用于建设蛇口工业区，土地租期 15 年，免所得税 3 年，租金为每年 4000 港元/亩。1980 年至 1981 年间，深圳市房地产公司（国有企业）先后与香港德兴公司签订了 10 项租赁土地协议，共租地 4.54 万平方米，规划建筑面积 34 万平方米，共收取土地使用费 2 亿多港元。二是与外商合作开发土地。借鉴当时“三来一补”中关于“补偿贸易”的形式与外商合作开发土地，以土地入股的方式与香港地产商一起在福田区合作开发约 30 平方公里的土地。三是委托成片开发土地。为解决政府成片开发资金的匮乏，深圳灵活地采取行政划拨土地、以土地估价入股等多种形式进行早期的蛇口、南油、科技园、八卦岭等工业区的成片开发建设。在进行制度试验同时，政府也在不断出台相关政策，以推进试验的顺利开展。1982 年 1 月 1 日，深圳正式施行《深圳经济特区土地管理暂行规定》，首次对客商独资或合资企业用地的土地使用年限和土地使用费进行规定。由此，深圳在经济特区内开始实行“行政划拨、分片开发、分散经营、征收使用费”。

这一时期，深圳市实行的是典型的城乡二元土地制度。“三来一补”和大量“三资企业”的进驻客观上催生了村镇建设的低水平发展与无序扩张，同时也吸引了外来劳动力如潮水般涌入深圳，在政府未能提供足够的配套厂房和住房安置的情况下，对原村民在集体土地上建设的私房和物业产生了大量的市场需求，也成为解决外来人口的生活居住和企业落地的重要手段。为了对原村民建房占地行为进行规范，1982年9月，深圳出台《深圳经济特区农村社员建房用地的暂行规定》，提出了新村（居民点）用地划定标准。具体标准包括：（1）村民建房每户宅基地面积150平方米，基底面积限定不得超过80平方米；（2）可增加20%建面（建筑面积，下同）作预留发展。划定新村（居民点）的同时，原有旧村、旧房收归国有，由政府统一规划处理。但由于政府财力不足，无力支付征地的补偿费用，因而无法将全部的旧村用地收归国有。1986年政府再次对原村民建房占地行为进行规范，出台《关于进一步加强深圳特区农村规划工作的通知》。规定要求：（1）原则上私人建房每栋不得超过三层；（2）人均建面在40平方米以内，三人以下的住户总建面最多不超过150平方米，三人以上的住户最多不能超过240平方米；（3）建房用地以每户200平方米作为综合计算标准；（4）将宅基地的基底面积调整为以800平方米的基底投影面积来计算。文件还明确要求按照城市总体规划，划定村庄用地控制线（即“用地红线”），并于当年年底逐一对特区内村庄划定新村（居住点）范围。然而，由于城市化和工业化的快速发展，客观上带动了物业房屋出租市场的迅速升温。此外，政府相关政策缺乏实际约束力，加之政策制定的滞后性和妥协性，并没有有效地制止原村民及集体经济组织的违法乱建行为。此后，1989年深圳颁布《关于深圳经济特区征地工作的若干规定》，决定对特区内可供开发的集体土地依照法律规定实行统一征用。这一政策的出台，进一步加剧了原村民抢占土地、私建加建的违规行为，部分用地已经实际超出红线范围，并由此产生了早期的土地历史遗留问题。

总体来看，国有土地有偿使用的试点试验充分激活了土地资源的经济价值，收取土地使用费，从某种程度上部分减轻了特区创立初期城市建设与经济发展的资金需求压力，对同时期全国各地土地政策的调整变化产生了较大的影响。然而，土地使用费的征收并不足以使发展建设资金走上良性循环，而且也并没有从根本上触动旧体制。事实上，从1979年至1986年间，深圳市拨地和土地使用费收交的具体情况来看，政府累计拨地8215.2公顷，历年来收取的土地使用费仅占同期政府财政收入的百分之一点多（如表3－1所示），土地的真实市场价值还没有得到充分体现。当时，深圳政府欠着银行七八亿元的贷款，相当于一年半的财政收入。来自资金方面的压力客观上推动政府进行更为彻底的土地使用权有偿出让试验。正如时任深圳市委书记的李灏在后来的访谈中坦承也是“被钱逼的”①。

表3－1　　1979—1986年深圳市拨地和土地使用费情况一览表

时间	拨地（公顷）	累计拨地（公顷）	收交土地使用费（万元）	收交土地使用费占财政收入比重（%）
1979年	178.6			
1980年	219.9	398.5		
1981年	727.1	1125.6		
1982年	2439.1	3564.7	280	1.75
1983年	1825.9	5390	480	1.6
1984年	2025.9	7415.9	680	1.3
1985年	284.3	7700.2	1027	1.1
1986年	515	8215.2	1381	1.58

数据来源：深圳市人民政府．深圳经济特区土地管理体制改革方案说明［Z］．深圳市档案局：C1－9－0170，1987.

① 深圳史志办公室．李灏深圳特区访谈录［M］．深圳：海天出版社，2010：247.

三、制度突破：国有土地使用权有偿出让

深圳虽然成功推动了土地的有偿使用试验，但土地资源的配置方式依然以行政划拨的方式为主，没有充分发挥出市场机制的作用。经济社会发展的需求客观上要求特区政府在土地管理体制方面向更深层次进行探索突破，推动土地的所有权与使用权相分离，进行更为彻底的土地使用权有偿出让试验。

经过一系列前期的考察和研讨等准备工作，1987 年 3 月，深圳修订出台《深圳经济特区土地管理暂行规定》，新增加土地使用权可以进行有偿出让、抵押转让等规定。1987 年 4 月，国务院提出土地使用权可以有偿转让。同年 5 月，深圳市召开《深圳经济特区土地管理体制改革方案》论证会，时任香港戴德梁行主席的梁振英参会并提出："方案是可行的，但必须修改宪法和土地管理法，否则外商绝对不敢来买地。"① 当时的《中华人民共和国宪法》（以下简称《宪法》）第十条第四款规定，"任何组织或者个人不得侵占、买卖、出租或者以其他形式非法转让土地"。为了解决与《宪法》《中华人民共和国土地管理法》（以下简称《土地管理法》）相悖的大难题，政府官员设法从马克思主义经典作家的论述中找到关于土地价值的理论依据。这一时期，围绕土地是否是商品以及国有土地的使用权能否出租和出卖等问题，理论界产生较大争议。人们受计划经济思维影响已久，意识形态一时很难转变过来。

在历史发展的关键节点，特区政府冒着"违宪"的风险，以"敢为天下先"的勇气，继续推进土地有偿出让的探索试验。1987 年下半年，深圳先后以"协议""招标""公开拍卖"方式进行土地使用权的有偿出让试点。一是当年 9 月 10 日，首次采用协议方式有偿出让一块

---

① 深圳特区报．深圳土地管理二十年［N］. 2006 - 6 - 22.

面积5300余平方米的地块，协议最后地价106万元，出让土地使用年限50年。二是当年11月25日，首次采用公开招标方式出售一块面积约46355平方米的商品住宅用地，地价为1705万元，土地使用年限50年。三是当年12月1日，首次采用公开竞投的方式拍卖一块面积为8588平方米的地块。深圳经济特区房地产公司最终以525万元的价格拍得该地块50年的土地使用权，此次拍卖被称为新中国土地的“第一拍”。上述三次大胆的尝试在全国起到了引领示范作用。1988年1月，深圳出台《特区土地管理条例》，实施国有土地使用权出让的有偿使用制度，正式揭开了我国土地市场化改革的序幕。1988年4月，《中华人民共和国宪法修正案》将第十条修改为：“任何组织或者个人不得侵占、买卖、出租或者以其他形式非法转让土地。土地的使用权可以依照法律的规定转让。”1988年6月，《深圳经济特区住房制度改革方案》首次提出“商品房”的概念，推进实施住房商品化与住房保障结合的住房制度改革。1990年5月，《中华人民共和国城镇国有土地使用权出让和转让暂行条例》明确国家按所有权与使用权分离的原则，实行城镇国有土地使用权出让、转让制度。1992年6月，《深圳经济特区土地使用权出让办法》正式颁布。1994年7月，《深圳经济特区土地使用权出让条例》施行，同年7月，《中华人民共和国城市房地产管理法》明确规定“国家依法实行国有土地有偿有期限使用制度”。2001年3月，《深圳市土地交易市场管理规定》对土地市场交易进行规范，明确经营性土地出让和转让必须在专门的土地交易场所进行。上述一系列法律法规和政策的出台为制度走出经济特区扩散到全国提供了法律依据和保障，实现了土地制度的重大突破。

在这一阶段，深圳以务实的探索精神，“摸着石头过河”，迈出了土地制度改革的坚定步伐。从最初合作开发和土地入股，过渡到收取土地使用费，直至最终完成公开有偿出让国有土地使用权的制度变革。1987年深圳敲响新中国土地拍卖第一锤，开启了国有土地使用权有偿转让的历史。这一举措对后来中国的财政、金融以及城市化进程都产生了深远的影响，奠定我国当前土地制度的基本框架。国有土地使用权有偿出让制度的确立，解决了改革开放初期城市建设发展的资金来源问题，对深圳早期的城市基础设施建设，以及招商引资和外向型经济的发展提供重要支撑，开创了以土地为信用基础积累城市原始资本的道路。

第二节 快速发展阶段（1992—2004年）

一、背景：快速发展亟须筹地

1992年“南方谈话”和中共十四大召开之后，深圳进入全面提速发展阶段。这一时期，深圳逐步建立完善市场经济体制，不断调整优化经济结构，重点推进高新技术、金融、物流和文化等支柱产业的发展。城市建设年均增加建成区面积35平方公里以上，如此迅猛的发展势头亟须投入大量的建设用地，在完成资本的原始积累后，制约发展的资源约束已经由“钱”变为“地”，快速城市化和工业化很快遭遇到无地可用的困境。为满足经济社会发展的现实需求，深圳政府推动土地制度变革的中心工作逐渐由“筹钱”转为“筹地”。1998年新修订《土地管理法》在土地的管理和利用方式上进行重大改革，通过建立基本农田保护制度，耕地占补平衡制度和建设用地转用审批制度，严格进行土地用途管制，切实保护耕地。此外，伴随分税制改革、住房制度改革等体制改革的深化，合力构成了深圳加快推动集体土地国有化的重要影响因素。由此，1992年原特区内的“统征”和2004年原特区外的“统转”应运而生（如表3－2所示）。

表 3-2　　深圳市两次集体土地国有化相关政策

时间	政策文件	实施对象		补偿方式	备注
1992 年	《关于深圳经济特区农村城市化的暂行规定》《关于深圳经济特区征地工作的若干规定》	原特区内	原农村集体建设用地。	征地返还地 + 货币	原集体产业和实业仍属于村集体所有。
			原农村集体非建设用地。	货币	二线关[1]以内的土地基本国有化，部分二线关外土地被征收。
2004 年	《关于加快宝安龙岗两区城市化进程的意见》《深圳市宝安龙岗两区城市化土地管理办法》	原特区外	原农村集体所有土地，主要为纯农业用地。	非农建设用地 + 货币	土地全部国有化，划定一定的非农建设用地作为补偿。
			已建成区；经批准尚未使用的建设用地；山林地；坡度大于 25 度，不作为建设用地的园地等四类地。	不予补偿	

二、制度试验：原特区内集体土地国有化

为统筹规划经济特区内土地的开发建设，理顺用地机制与经济发展

① 二线关，是指 1982 年深圳特区与非特区之间用铁丝网修筑了深圳特区管理线，称为“二线”。这道线将深圳分为特区内和特区内外，俗称“关内”和“关外”。

之间的矛盾，深圳市政府率先开始推进原特区内的集体土地国有化。1992年6月，深圳出台《关于深圳经济特区农村城市化的暂行规定》实施“统征”，宣布全面实行经济特区内农村城市化。根据规定：集体尚未被征用的土地一次性被征收为国有土地，已划定的集体工业企业用地和私人宅基地，使用权仍属于原使用者。“统征”涉及特区内的68个村委会、沙河华侨农场，以及持特区内常住户口的农民、渔民和蚝民等，共计4.6万人全部一次性转为城市居民，以行政化方式迅速完成经济特区内农村的城市化转型。

经济社会环境发生的深刻变化是推动深圳实施“统征”的重要影响因素。一方面，随着城市化和工业化的迅速发展，招商引资以及外来人口的大量涌入，客观上刺激了对土地和住房的旺盛需求，增加国有建设用地的供给成为特区发展的当务之急。源于土地制度的历史沿革，在经济特区成立之初，特区内实行的是典型的城乡二元土地制度。1986年《土地管理法》的实施加强了“土地用途管制”，严格限制农用地转为建设用地。根据第25条规定：国家建设征用耕地一千亩以上，其他土地两千亩以上的，由国务院批准。按照既定的征地程序，逐片地以小于两千亩的规模对集体土地进行征用。显然，这种模式下的征地进度很难跟上深圳的发展速度，难以满足对国有建设用地的迫切需求。另一方面，政府相继出台《深圳经济特区农村社员建房用地的暂行规定》和《关于进一步加强深圳特区农村规划工作的通知》，意图通过划定村庄“用地红线”等措施，规范原村民的违章占地和私自建造的行为。但市场需求已经极大地刺激了原村民的利益预期，加之《关于深圳经济特区征地工作的若干规定》的出台，原村民超越用地红线加建抢建的现象大量出现，政府难以进行有效控制。在经济社会发展形势等诸多因素的合力作用下，政府加快了实施特区内集体土地所有权的转制进程。

从“统征”实施的具体政策来看，首先，以整村为单位进行一次性征地，同时给原村民预留一定的发展用地，供被征地集体用来兴建经营性的商业或服务楼宇，以此来发展生产。其次，划拨用地单位的土地仍由政府统一征用，并一次性转为国有，市国土局与其签订土地使用合同，进一步确定土地用途、使用年期。另外，即将开发的土地补偿费采取一次付清的方式，暂时未进行开发的土地，仍按原经营项目使用，政府先付征地补偿费的 30%，剩下的余款和适当利息，待土地开发时一次性付清。总体来看，“统征”采取征地补偿金与返还地双补偿的模式，最大限度地从现金、土地返还和社区经济发展等方面保障了原村民及集体经济组织的权益。

从“统征”实施的具体效果来看，政府采取较低的代价征用集体土地，解决了快速城市化对增量土地的迫切需求，有力地促进了特区经济社会的快速发展，同时也进一步加强了对集体土地的控制和管理。原村民及集体经济组织通过参与城市化进程，分享到城市化发展带来的土地和物业升值的红利。而当时特区内土地的级差地租还未明显上升，原村民比较容易接受政策安排，因而执行效果总体较好。但 1992 年至 1993 年期间，在全国房地产热的带动下，深圳也出现了大量的违法用地和违法建筑现象。1992 年 11 月，国务院批准撤销宝安县，成立宝安、龙岗两区，深圳全市仍实行城乡二元土地制度。这一时期，为进一步加强全市土地的整体规划管理，1993 年 7 月，深圳出台《深圳市宝安、龙岗区规划、国土管理暂行办法》，在特区外率先实行“五统一”（即统一规划、统一征收、统一开发、统一出让和统一管理）的土地管理体制。该办法也对宝安区和龙岗区撤县改区之前非法用地等处理做出了具体的规定。此后，深圳 1993 年出台《深圳市人民政府关于处理经济特区房地产权属遗留问题的若干规定》，对特区范围内的房地产权属遗留问题进行处理。1999 年深圳又出台《深圳市人民代表大会常务委员会关于坚决查处违法建筑的决定》，对违法建筑即期范围进行界定和处理。

从制度变迁的方式和路径来看，“统征”是由政府主导实施推动，具有明显的强制性特征。“统征”所依据的是《土地管理法》第五章第四十七条等相关条款，即根据经济社会发展需要，将一定区域的土地经相关程序征为国有。“统征”在本质上仍属于较大规模和范围内的征地行为，只是深圳以行政手段突破了国家对征地规模的限制，迅速完成原特区内的集体土地国有化。因此，“统征”属于当时国家土地制度约束下一次大胆的制度试验，为深圳后续经济社会的发展奠定了基础。同时，由于相对较好地保障了原村民及集体经济组织的权益，也为全国征地制度的深化改革提供了有益借鉴。

三、制度创新：原特区外集体土地国有化

1992 年至 1993 年期间，深圳市迅速完成原特区内集体土地的国有化转制。与此同时，原特区外宝安、龙岗两区经过 90 年代工业化的快速发展，以制造业为主体的工业经济体系基本建立，基本完成了从农业经济向工业经济的转型，原村民的生活方式和就业方式发生了重要变化。资料显示，从 1991 年至 2001 年，特区外第二产业增加值占 GDP 的比重，由初期的 49.6% 上升到 59.8%，年均增长 32.7%。第三产业增加值占 GDP 的比重，基本保持在 35.4% 左右，年均增长 27.7%。第一产业增加值占 GDP 的比重下降到 2001 年的 3.7%，而农业从业人口下降到 0.48%。特区外绝大部分村民放弃了农耕劳作，选择进厂务工或收取租金的生活方式，基本具备了城市居民的特点。

这一阶段，深圳一方面面临着土地供给日趋紧张的资源约束，另一方面特区外违法建筑和违法用地大量滋生的现象屡禁不止。在特区外工业已取代农业成为主导产业，且原村民已脱离传统小农生活方式的背景下，深圳为加强全市土地的统筹管理，保障城市的发展需要，加快特区外城市化的进程。2003 年 10 月，深圳出台《关于加快宝安、龙岗两区城市化进程的意见》，将原特区外的宝安、龙岗两区转为城区。2004 年 6 月，出台《深圳市宝安龙岗两区城市化土地管理办法》（以下简称《办法》），实施“统转”，通过“一次性转地，分期分批补偿”的方式，将农民一次性转为市民，将原特区外的集体土地转成国有土地。转

地依据的是《中华人民共和国土地管理法实施条例》（以下简称《实施条例》）相关规定："农村集体经济组织全部成员转为城镇居民的，原属于其成员集体所有的土地属于全民所有，即国家所有。"此次转地共涉及原宝安和龙岗两区共18个镇，218个原村民委员会的27万原村民，以及956平方公里集体土地的国有化转制，较1992年的规模更大。2004年9月，随着宝安区沙井民主村和福永塘尾村相继挂牌成立社区居委会，深圳正式成为了国内首个没有农村建制的城市。"统转"工作一直持续到2005年底已基本完成。2006年8月，深圳又出台《深圳市土地储备管理办法》，将原宝安和龙岗两区的集体土地正式被纳入全市统一的国有土地储备体系进行管理。

从"统转"实施的具体政策来看，对涉及的补偿范围、补偿标准、非农建设用地指标等做出如下规定：首先，关于转地补偿范围。《办法》规定，由宝安和龙岗两区政府对集体所有转为国有的土地分期分批给予适当补偿。但以下土地类型不予补偿：已建成区，山林地，经批准但尚未使用的建设用地以及不作为建设用地的园地（坡度大于25度）等四类。其次，关于补偿标准。由于"统转"已将原村民转为城市居民并给予社保待遇，因此，转地补偿费仅包括土地补偿费、地上附着物补偿费、青苗补偿费，不包括安置补助费。最后，关于非农建设用地指标。规定继受单位和个人的非农建设用地标准仍按照1993年的《深圳市宝安、龙岗区规划、国土管理暂行办法》相关规定执行。

从"统转"实施的具体效果来看，相比于1992年的"统征"，"统转"并没有完全达到预期效果。受意识形态的束缚，以及政策设计与执行的偏差，尤其是转地补偿政策不到位，与原村民心理预期相差较大，导致利益分配失衡。比如，原特区外360万亩耕地每亩平均补偿最高仅为2.4万元，远低于同时期国有土地的出让价格，且没有为原村民留下足够的发展用地。广东省明确规定，国土部门按10%比例返还发展用地，而"统转"最高仅返还5%，除掉还要从已建成区扣还的部分，大部分村集体实际返还土地为零。山林地无偿转为国有（此前补偿标准为 8000 元/亩），青苗补偿费甚至低于 2002 年的标准。对于 300 多平方公里“已建成区”视为历史遗留问题进行征地处理，土地权属统一转为国有，且不再对土地征用进行补偿。非农建设用地方面，工商用地指标仍沿用 10 年前的标准。但此时伴随城市化进程，地价飞涨的现实早已被原村民敏锐地察觉到，因而，此次转地并未得到原村民的普遍认可。虽然处于被动接纳“统转”的角色，但原村民却选择了一种特殊的方式来进行抗争，即通过在实际仍控制在手中的土地上加速“抢建”“私建”，增加地面附着物以维护自身利益。此外，由于转地的推进速度过快，某些区域土地移交和接管不及时，加之部分土地尚没有完成相应补偿手续等原因，从而进一步加剧了土地历史遗留问题的产生。

从制度变迁的方式和路径来看，“统转”仍然是由政府主导下实施的强制性制度变迁。深圳充分利用法律体系赋予的创新空间，依据《实施条例》第 2 条第 5 项规定，通过实施“统转”将集体土地全部转化为国有土地。深圳采取先改变农村行政建制和户籍，而后直接将原宝安、龙岗两区的集体土地全部转为国家所有，但这种创新做法并不符合立法原意，在法律界、学术界也引发了一些思考和质疑。此后，国家通过立法性解释对深圳转地的法律依据予以否定，但认可了深圳的转地行为。因此，深圳的“统转”也成为中国土地制度和法律框架下难以复制的特例。总的来看，“统转”是现有土地制度下的一次创新探索。尽管由于顶层制度设计和方案制定的不完善，以及政策执行偏差等诸多因素导致了诸多历史遗留问题，但相对于当时所处的环境背景而言，“统转”客观上解决了深圳工业化、城市化快速发展对增量土地的迫切需求。通过转地，深圳实现了土地所有制度的一元化，进一步加强了对特区内外土地的统一管理和规划使用，对深圳的经济社会发展具有重要的现实意义。

第三节 基本形成阶段（2005—2011 年）

一、背景：土地历史遗留问题显现

2005 年底，原宝安、龙岗两区的集体土地国有化工作已基本结束，此举使深圳成为国内首个没有农村建制的城市。随着 2008 年世界金融危机的爆发和 2010 年深圳经济特区正式扩容，这一阶段的经济社会环境发生了深刻的变化。一方面，深圳开始面临“四个难以为继”（即土地空间、能源水源、城市人口、环境承载力难以为继）的发展制约，对经济结构的优化调整和产业转型升级带来诸多不利影响。特别是土地资源稀缺，人口压力极大，传统粗放、外延型发展模式已走到尽头，对于早期通过“三来一补”起家的深圳而言，优化调整产业结构向集约化、高端化转型已迫在眉睫。另一方面，深圳正全面落实科学发展观，致力于高标准打造综合配套改革试验区、国家创新型城市和中国特色社会主义示范市，加快推动特区一体化建设，对城市化发展提出了更高的要求。

在新的机遇和挑战形势下，土地历史遗留问题带来的负面效应逐步凸显，量大面广的违法建筑和违法用地导致存量土地难以有效利用，新增建设用地供应日趋紧张。根据《深圳市土地利用总体规划（2006—2020 年）》的总体规划，2005 年深圳市建设用地面积已达 83942 公顷，占市域面积的 42%。到 2020 年，规划建设用地比例要控制在市域面积的 50% 以内，总规模控制在 97600 公顷以内。因此，土地空间资源的不足再次成为制约深圳发展的短板与硬约束。

从历史沿革来看，深圳土地历史遗留问题主要是指在完成全市土地国有化之前，由于征地、规划、出让、产权登记等方面的历史原因而导致的土地产权不够明晰、资源配置方式较低效以及增值收益分配不公平等一系列土地问题。这其中包括早期为“三资企业”提供厂房、工业配套设施以及解决外来人口居住问题，由原村民及集体经济组织采取多种方式进行的占地建房，以及原集体土地国有化过程中出现的各类违法用地和违法建筑等。虽然政府在法律形式上已经实现了土地的国有化，但土地的实际控制权却仍然掌握在原村民及集体经济组织手中，最终使土地陷入“政府拿不走、原村民用不好、市场难作为”的困境。原村民对土地的实际控制逐渐形成法外控制权，在一定程度上形成房地分离的新二元结构问题。因此，一项制度的实施需要与之契合的其他配套制度，如果与制度环境不相适应，则会导致激励与约束机制失灵，带来制度绩效与预期不符。超前的制度安排可能会带来改革的失败，则制度可能会以一种隐性的法外方式继续存在，等待制度环境调整予以接纳。

由此，从本阶段开始，深圳土地供给的主要方式逐步由增量土地转向存量土地，土地制度改革的重心也相应地转向了探索如何破解存量土地利用难度大的现实困境，创新存量土地的再利用模式。

二、制度试验：强化土地统一管理

深圳推进“统征”“统转”目的在于通过土地全市域国有化，突破发展用地限制，消减国家土地管制对城市发展的约束。一方面谋求增量土地带来的利益，另一方面可以借此加强对全市土地的统一规划和管理。为破除土地对经济社会发展的制约，深圳陆续进行了一系列的制度试验，推进土地集约节约利用，逐步完善相关法律法规和具体政策。深圳率先提出“三个一”的理念，即：“一个标准管理”是指强化特区内外土地管理的统一标准；“一个池子蓄水”是指建立土地储备的统一管理制度；“一个龙头放水”是指政府对土地的一级市场进行集中统一管理。

2006 年 6 月，深圳正式出台《深圳市人民政府关于进一步加强土地管理推进节约集约用地的意见》，以及相继出台的《深圳市土地储备管理办法》等7项配套政策，统称“1+7”文件[①]。刚刚完成土地转制的原宝安和龙岗两区的集体土地正式被纳入全市统一的国有土地储备体系进行管理。为防止城市建设无序蔓延危及生态系统安全，促进可持续发展，2005年11月，深圳颁布《深圳市基本生态控制线管理办法》，对城市建设进行划界规范。将划入基本生态控制线内的存量建筑等逐步予以清退。2005年12月，为进一步完善土地交易市场机制的相关配套措施，继《深圳市土地交易市场管理规定》颁布后，深圳在全国首次以挂牌方式成功出让工业用地，继续深化推动土地的市场化改革。2006年5月，国土资源部发布《招标拍卖挂牌出让国有土地使用权规范（试行）》和《协议出让国有土地使用权规范（试行）》对招标拍卖挂牌（以下简称“招拍挂”）和协议出让国有土地使用权的程序等进行规范。此后，住宅、商业、办公等经营性用地以及工业用地全部实行“招拍挂”的市场化配置方式。此外，深圳借鉴香港等地区经验，于1996年开始编制城市法定图则，对土地的利用性质、开发强度、配套设施、道路交通等功能属性进行顶层设计，《深圳市城市规划条例》《深圳市法定图则编制技术规定》等一系列法规及配套办法颁布施行。

这一时期，针对违法建筑历史遗留问题的处理，深圳政府分别制定“两规”来推动违法私房和生产经营性违法建筑的产权登记。但在原村民看来，“两规”降低了集体土地使用期限及处分权，并无实质性收益，因而政策实施的效果低于预期。与此同时，深圳在查处违法建筑方面进行了较大投入，出台了《深圳市人民代表大会常务委员会关于农村城市历史遗留违法建筑的处理决定》《深圳市规划土地监察行政执法主体及其职责规定》等配套的规章制度，但由于政策的预见性不足，

---

① “1+7”文件具体是指《关于进一步加强土地管理推进节约集约用地的意见》，以及《关于处理宝安龙岗两区城市化土地遗留问题的若干规定》《深圳市土地储备管理办法》《深圳市集约利用的工业用地地价计算暂行办法》《深圳市工业项目建设用地审批实施办法》《深圳市工业项目建设用地控制标准》《驻深武警边防部队工程建设项目管理办法》《深圳市原村民非商品住宅建设暂行办法》等7个配套文件。

加之执行过程中的妥协性，导致政策整体实施效果不理想，违法建筑和违法用地大量滋生的现象仍屡禁不止。

为着力改善城市功能，促进城市发展，提高居民生活质量，加快破解存量土地利用的现实难题，深圳于2004年10月印发《深圳市城中村（旧村）改造暂行规定》，规范城中村（旧村）① 改造工作。对城中村改造条件方式和目标、改造计划及实施，以及拆迁和补偿的方式标准进行了具体规定。此后，在广东省《关于推进“三旧”改造促进节约集约用地的若干意见》的基础上，深圳于2009年10月出台《深圳市城市更新办法》，在全国创新提出“城市更新”的概念，开始全面系统地推进城市更新。2011年7月，深圳实施《关于推进土地整备工作的若干意见》，开始在全市范围内推进土地整备工作。2012年10月，深圳在全国首创成立土地整备局。由此，深圳进入了通过城市更新和土地整备等方式探索存量土地开发利用的新阶段。

三、制度创新：探索存量土地再利用模式

城市更新与土地整备是深圳解决土地历史遗留问题，突破用地瓶颈，增加土地供应的重要探索，与原农村城市化历史遗留问题相关处理政策一起，构成深圳对存量土地再开发利用和解决历史遗留问题的政策框架。城市更新和土地整备主要以产权为切入点，通过分类确权的方式将历史遗留问题纳入合法用地的框架范围来处理。

（一）城市更新及其进展情况

早在1958年8月，荷兰海牙召开的一次城市更新研究会上就提出了城市更新（Urban Renewal）的概念。于今（2011）认为，城市更新

---

① 城中村（含城市待建区域内的旧村，以下统称城中村）是指深圳市城市化过程中依照有关规定由原农村集体经济组织的村民及继受单位保留使用的非农建设用地的地域范围内的建成区域。

是指对城市中某一衰落的区域，进行拆迁、改造、投资和建设，使之重新发展和繁荣。它包括客观存在实体（建筑物等硬件）的改造和各种生态环境、空间环境、文化环境、视觉环境、游憩环境等的延续与更新。

深圳的城市更新是以市场为主导的存量土地再利用模式创新，通过引进市场开发主体，运用市场化机制，对存量土地上的建成区（包括旧工业区、旧商业区、旧住宅区、城中村及旧屋村等）根据城市规划和有关规定程序进行再开发利用。目前，主要包括三类模式：综合整治、功能改变和拆除重建。

为解决历史遗留问题，《深圳市城市更新办法》对功能改变和拆除重建两类更新项目的地价缴纳标准做出了具体规定（如表3－3所示）。

表3－3　城市更新拆除重建类项目地价缴纳标准

拆除重建项目	政策标准	
城中村（包含特区内和特区外）	建筑容积率在2.5及以下	不再补缴地价。
	建筑容积率在2.5至4.5之间	按基准地价的20%补缴地价。
	建筑容积率超过4.5	按基准地价标准补缴地价。
旧屋村（1993年7月前已形成）	现状占地面积1.5倍的	不再补缴地价。
	现状占地面积超出1.5倍的	按基准地价标准补缴地价。
工业区改建	工业用途或市政府鼓励发展产业	原有合法建筑面积以内部分不再补缴地价。
		增加的建筑面积按基准地价标准的50%缴纳地价。
	住宅、办公、商业等经营性用途	原有合法建筑面积以内部分，按照其改造后的功能以公告基准地价标准计算应缴纳的地价，扣减原土地用途剩余公告基准地价标准计算地价。

续表

拆除重建项目	政策标准	
工业区改建	住宅、办公、商业等经营性用途	增加建筑面积部分，按照改造后的功能和土地使用权使用期限以市场评估地价标准计算应缴纳的地价。
其他用地	按改造后的功能以公告基准地价标准计算应缴纳的地价，扣减原有合法建筑面积按照原土地用途剩余公告基准地价标准计算的地价。	

注：根据《深圳市城市更新办法》（深圳市人民政府令 211 号）整理制表。

2010 年，城市更新政策进入实践阶段。第一批列入拆除重建类项目共 88 项，另有 6 个片区被列为重点研究片区。此后，根据实践中所遇到的问题，深圳市政府相继出台了一系列文件对相关政策进行完善。2010 年 12 月推出《深圳市人民政府关于深入推进城市更新工作的意见》。2012 年 1 月出台《深圳市城市更新办法实施细则》和《关于加强和改进城市更新实施工作的暂行措施的通知》。2014 年 5 月发布《关于加强和改进城市更新实施工作的暂行措施的通知》。

从城市更新的具体实施效果来看，城市更新主要以政府引导，市场推动为主，突破了土地必须“招拍挂”的出让方式，规定权利人可自行改造项目，且可协议出让土地。但在市场信息不对称且政府公权力不能有效介入的情况下，受限于政策设计的准入门槛等具体规则，项目实施方较难协调各方利益，尤其是涉及土地拆迁补偿等问题，导致开发的成本高，总体推进效果并不理想。尽管深圳相继推出一系列城市更新政策及配套措施来加大推进力度，但最早立项的首批城市更新项目大部分仍没有完成，项目整体实施的推进时间和进程远超预期。

（二）土地整备及进展情况

土地整备是实现土地节约集约利用和空间功能优化的一项重要制度

创新。土地整备的适用范围主要包含八种情形，基于公共利益和城市整体发展的需要，政府综合运用房屋征收、历史遗留问题处理、零散用地整合等多种方式开展土地清理以及土地前期开发，并将之统一纳入全市的土地储备。在前期土地整备的实践经验基础上，结合《深圳市公共基础设施建设项目房屋拆迁管理办法》，深圳出台《深圳市房屋征收与补偿实施办法（试行）》，规定因政府实施土地整备需征收房屋的，应纳入全市土地整备年度计划，对房屋征收的补偿内容进行了具体规定。该政策的最大亮点是对于房屋征收范围内未经产权登记的建筑，已经申报但尚未进行处理的，明确地给出了补偿规定（如表3－4所示）。

表3－4　　　　历史遗留违法建筑补偿标准

历史遗留违法建筑情况	处理方式
已经申报，符合“两规”处理条件但尚未处理	根据“两规”及其配套政策确定其可以获得的产权状况，扣减其补办处理手续的地价、罚款后予以补偿。
已经申报，按照“两规”可获得非商品性质产权的住宅房屋	以栋为产权调换基本单位的，（1）符合原村民非商品住宅建设用地标准（一户一栋政策）的，不超过建筑面积480平方米的部分给予产权调换，超出部分按照本办法附件有关规定给予货币补偿；（2）被征收人为非原村民的，不超过建筑面积100平方米的部分给予产权调换，超出部分按照本办法附件有关规定给予货币补偿。
已经申报，符合原村民非商品住宅建设用地标准（一户一栋政策）的农村城市化历史遗留违法建筑	不超过建筑面积480平方米的部分按照商品性质房屋扣减10%的公告基准地价后予以补偿；超过480平方米的部分给予建筑物重置价补偿。
已经申报，原农村集体经济组织继受单位所建的生产经营性、商业办公类建筑，位于非农建设用地范围内或者以非农建设用地指标扣减的	按照商品性质房屋扣减其补办处理手续的罚款、地价后予以补偿。罚款参照《深圳经济特区处理历史遗留生产经营性违法建筑若干规定》规定标准的2倍执行，地价按照公告基准地价10%的标准执行。

续表

历史遗留违法建筑情况	处理方式
已经申报，但不符合以上四类情形的其他农村城市化历史遗留违法建筑，经规划国土部门审查不属于应当拆除或者没收的	对建筑物不予产权调换，扣减参照“两规”相应情形（商业办公类参照生产经营性）规定标准的2倍罚款后给予重置价格补偿。
未经申报或者规划国土部门审查属于依法应当拆除或者没收的	不予补偿。

注：根据《深圳市房屋征收与补偿实施办法（试行）》（深圳市人民政府令248号）整理制表。

从土地整备的具体实施效果来看，目前相关政策基本沿用“两规”的处理方式，通过计算历史遗留违法建筑的补偿额度，即扣除地价和罚款后，对所占土地具有“合法合理”基础的建筑给予与商品房类似的产权置换或市场价格补偿。对于所占土地不具备“合法合理”基础的建筑，只给予建筑本身的价格补偿，而不给予任何地价补偿，且还要进行罚款。因此，土地整备政策并没有突破传统房屋征收补偿的根本原则，对于原村民及集体经济组织而言，相对缺乏吸引力。此外，土地整备在实施方式上由政府主导，综合运用土地回收、房屋征收等多种方式，客观上具有一定的行政强制性，前期在没有过多引入市场力量之前，缺乏资金的有力支持，因而，项目总体实施进展较为缓慢。

受市域面积较小的资源禀赋的限制，促使深圳率先进行了存量土地再利用模式的探索创新，为城市化发展提供了可借鉴的样本示范和经验积累。总体而言，这一时期深圳开展城市更新和土地整备仍处于试点试验阶段，项目的总体实施进度较为缓慢。撇开具体的政策措施来看，存量土地难以再开发利用的主要原因，一方面在于历史原因所导致的土地权属争议，与集体土地国有化的制度构建及实施机制不完善等密切相关。另一方面，在社会主义公有制的背景下，受土地所有权本身所具有的意识形态性影响，在国有土地独占市场准入的制度设计下，政府推动存量土地的再开发利用，始终遵循着“先国有化，再市场化”的逻辑，在路径依赖作用机制下，逐渐强化成“唯有国有化，才能市场化”，有待于对现有制度约束进行创新突破。

第四节 调整完善阶段（2012—2020 年）

一、背景：难以适应城市发展新需求

工业化和城市化发展离不开土地要素的有效供给，深圳早期的土地制度变革适应了经济社会的发展需要。无论是开创国有土地有偿使用的先河，敲响新中国土地拍卖第一槌，实施两次集体土地国有化，还是率先开启城市更新、土地整备等存量土地的再开发利用模式，都为深圳经济社会的高速发展提供了重要的资源和制度支撑。2012 年党的十八大召开之后，深圳进入以创新驱动产业转型升级，以绿色低碳引领经济高质量发展的阶段。这一时期，深圳制定了战略性新兴产业发展规划，全面加快建设现代化国际化的创新型城市。然而，面临经济结构调整优化和特区一体化的现实需要，土地空间资源稀缺的问题日益凸显，并成为制约深圳发展的最大短板与硬约束。

从土地利用状况来看，早在 2010 年深圳的建设用地规模已经占全市面积约 49%，开发强度很大，处于全国大中城市前列。根据《广东省总体土地利用规划（2006—2020）》相关用地指标，下达给深圳的建设用地指标是 97600 公顷。2012 年深圳市建设用地面积为 94167 公顷，规划剩余用地 3433 公顷。2013 年建设用地面积为 95733 公顷，规划剩余用地 1867 公顷。以 2012 年为拐点，存量用地供应规模首次超过新增用地供应规模，政府提出从“增量扩张”向“减量发展”转变的内涵

式发展思路。深圳必须依靠存量土地的再开发利用来满足新的发展需求，被迫直面多年来沉疴累累的土地历史遗留问题。根据2015年7月15日公布的《市规划国土委关于查违和历史遗留违建处理工作的汇报》，截至2014年底，深圳市违法建筑37.30万栋、4.28亿平方米，占深圳总建筑面积近一半。原集体经济组织共占用约390平方公里的土地，其中合法用地约95平方公里，还有约295平方公里的违法用地。

因此，对既有土地制度的修补和微调所能释放的动力越来越少，难以适应城市发展的新需求，制度环境的变化为推动深圳土地制度改革创造了有利条件。

二、制度调整：启动新一轮土地制度改革

2012年，深圳存量土地供应规模首次超过新增土地供应规模，标志着深圳的土地利用模式进入以存量土地供应为主的新发展阶段。同年2月，国土资源部、广东省人民政府联合批复《深圳市土地管理制度改革总体方案》（以下简称《方案》），将“城市规划”和“土地利用指标”两权合一，赋予深圳深化土地制度改革先行先试的重大使命，由此，深圳新一轮土地制度改革正式启动。《方案》要求明晰土地产权，进一步发挥市场在资源配置中的基础性作用，提高节约集约利用土地水平，加强土地的宏观调控，应对深度城市化发展要求，探索并重构与之相符的土地利用和管理模式。

（一）加强政策引导，完善制度体系建设

根据《方案》要求，为着力破解当前土地供给能力偏弱、历史遗留问题突出、违法建筑与违法用地困扰等问题，深圳充分发挥特区立法权的制度优势，有序推进土地利用总体规划、土地储备管理、不动产统一登记、房屋征收与补偿、存量土地再开发模式、前海差别化土地供应模式等方面的立法工作，相继出台了一系列的政策文件，加快关键领域

的改革创新和制度供给（见表3－5）。通过加强宏观政策引导，为土地问题的解决保驾护航，深圳进一步营造出有利于土地制度创新的制度环境，在以下方面进行了深入探索：一是通过建立差别化的土地供应和地价管理体系，创新了土地市场化配置机制，保障了产业转型发展；二是通过创新立体化利用方式，进一步提升了土地集约利用水平；三是通过创新土地调控方式，完善生态控制线内用地管理，实现经济社会与生态保护的平衡发展。

表3－5　　2012—2020年深圳主要土地政策文件一览表

时间	主要政策文件	政策意义
2012年2月	《深圳市土地管理制度改革总体方案》（深发〔2012〕3号）	新一轮土地管理制度改革的重要指导性文件。
2012年1月	《深圳市城市更新办法实施细则》（深府办〔2012〕1号）	进一步明确城市更新的细化操作指引。
2012年8月	《关于加强和改进城市更新实施工作的暂行措施》（深府办〔2012〕45号）	对历史用地处置、地价计收等方面进行政策创新。
2013年1月	《深圳市完善产业用地供应机制拓展产业用地空间办法（试行）》（深府〔2013〕1号）	推进土地节约集约利用，优化空间资源配置，拓展产业发展空间。
2013年4月	《前海深港现代服务业合作区土地管理改革创新要点（2013—2015年）》（深前海〔2013〕72号）	探索建立差别化土地供应新模式，创新土地利用方式。
2014年4月	《〈深圳市人民代表大会常务委员会关于农村城市化历史遗留违法建筑的处理决定〉试点实施办法》深府令（第261号）	加强对农村城市化历史遗留违法建筑的处理。

续表

时间	主要政策文件	政策意义
2015年11月	《土地整备利益统筹试点项目管理办法（试行）》（深规土〔2015〕721号）	搭建全市土地整备利益统筹试点的基本框架。
2016年3月	《关于印发深圳市地籍调查和土地总登记工作方案的通知》（深府办〔2016〕40号）	摸清土地资产家底，明晰土地权属关系。
2016年12月	《深圳市人民政府关于进一步完善房屋征收补偿机制的若干意见》（深府函〔2016〕306号）、《深圳市房屋征收与补偿实施办法（试行）》（深府令292号）	提高已取得非商品性质房地产权利证书住宅的征收补偿标准，完善未经产权登记建筑的征收补偿标准。
2017年1月	《关于加强和改进城市更新实施工作的暂行措施》（深府办〔2016〕38号）	城市更新事权由市政府和市直部门下放至区级行使，标志着深圳城市更新进入强区放权新时期。
2018年5月	《深圳市总部项目遴选及用地供应管理办法》（深府规〔2018〕1号）	促进土地资源节约集约利用，优化总部项目用地配置。
2018年5月	《深圳市人民政府关于加强棚户区改造工作的实施意见》（深府规〔2018〕8号）	推动老旧住宅区改造。
2018年7月	《深圳市人民政府关于完善国有土地供应管理的若干意见》（深府规〔2018〕11号）	深化土地管理制度改革。
2018年8月	《深圳市人民政府关于印发工业区块线管理办法的通知》（深府规〔2018〕14号）	规范全市工业区块线管理，保障工业发展空间。

续表

时间	主要政策文件	政策意义
2018 年 8 月	《土地整备利益统筹试点项目管理办法》（深规土规〔2018〕6 号）	加快推进土地整备工作，保障公配、重大产业项目土地供应，解决土地历史遗留问题。
2018 年 10 月	《深圳市人民政府关于农村城市化历史遗留产业类和公共配套类违法建筑的处理办法》（深府令 312 号）	进一步明确各类历史遗留违法建筑处理确认的罚款与地价标准。
2019 年 3 月	《深圳市人民政府关于印发工业及其他产业用地供应管理办法的通知》（深府规〔2019〕4 号）	进一步推进土地供给侧结构性改革。
2019 年 3 月	《深圳市城中村（旧村）综合整治总体规划（2019—2025）》（深规划资源〔2019〕104 号）	转变城中村城市更新思路，以综合整治模式保障城市发展低成本空间和发展弹性。
2019 年 6 月	《关于深入推进城市更新工作促进城市高质量发展的若干措施》（深规划资源规〔2019〕5 号）	持续强化政府统筹力度，转变理念，深化城市更新内涵，提出优化调整策略。
2019 年 8 月	《深圳市已批未建土地处置专项行动方案》深圳市规划和自然资源局印发	启动已批未建土地处置专项行动，建立长效监管机制，加快国土空间提质增效，为经济社会高质量发展提供充足的空间保障。
2020 年 12 月	《深圳经济特区城市更新条例》深圳市六届人大常委会公告（第二二八号），自 2021 年 3 月 1 日起施行	全国首部城市更新地方立法，规范城市更新市场主体行为，充分保障物业权利人的合法权益，创设“个别征收＋行政诉讼”制度，破解城市更新“搬迁难”。

注：限于篇幅，未将该阶段深圳相关土地政策一一列表。

（二）稳步推进试点，创新存量土地利用模式

针对存量土地再开发涉及复杂的土地权属关系和土地建设现状差异较大等现实问题，深圳采取分类引导的方式区别对待不同土地权属，通过机制创新构建土地利益共享机制，围绕存量土地再开发利用模式采取试点的方式来进行模式改进和探索。在制度创新方面，这一阶段深圳为加快推进城市更新和土地整备等工作，相继出台了一系列的政策措施（见表3－5）。2012年以后深圳相继推出《深圳市城市更新办法实施细则》《关于加强和改进城市更新实施工作的暂行措施》《关于加强和改进城市更新实施工作的暂行措施》《关于深入推进城市更新工作促进城市高质量发展的若干措施》等政策文件，进一步明确城市更新的细化操作指引，对历史用地处置、地价计收等方面进行政策创新，落实强区放权，提高城市更新项目审批效率。基于多年来城市更新工作的实践，2020年《深圳经济特区城市更新条例》获市人大常委会表决通过，是全国首部城市更新地方立法，自2021年3月1日起施行。新条例的出台进一步规范了城市更新市场主体行为，充分保障物业权利人的合法权益，创设“个别征收＋行政诉讼”制度，破解城市更新“搬迁难”。

2015年11月，深圳发布《土地整备利益统筹试点项目管理办法（试行）》，搭建了土地整备利益统筹试点的基本框架和运作模式，为盘活存量土地进行政策储备，并在坪山区进行了政策试点，取得较好的效果。在前期政策实施试点经验的基础上，2018年8月深圳出台《土地整备利益统筹试点项目管理办法》，加快推进土地整备工作，保障城市基础设施、公共服务设施和重大产业项目土地供应，解决土地历史遗留问题，促进城市发展和社区转型。土地整备政策的适用对象以原农村集体经济组织实际掌控用地为主，包括合法用地和未完善征转地手续土地。通过推进未征转建成区土地整备工作，加快土地历史遗留问题处理和消除存量违法建筑。

总体来看，深圳通过创新存量用地开发的利益共享机制，在全国率

先开启城市更新和土地整备模式，为破解存量土地再开发利用难等问题，积累了丰富的实践经验，也有力地支持了深圳经济社会的转型发展，在完善城市功能、改善和提升人居环境等方面发挥了重要作用，得到了国家和省的充分肯定。据统计，截至2020年末，深圳市累计已审批拆除重建类更新单元计划924项，涉及拟拆除用地面积约75平方公里；完成了564个更新单元规划审批，用地面积约42平方公里；累计供应用地超过22平方公里。通过城市更新，深圳规划配建了1000多万平方米的各类保障性住房以及中小学162所、幼儿园335所、公交首末站256处、社康中心328家、医院4所等大量公共设施。累计完成固定资产投资超过8400亿元①。2011年至2017年，深圳整备完成177.8平方公里土地，大空港新城、国际低碳城等重点片区的建设相继落地实施②。此外，深圳2018年完成土地整备任务13平方公里，2019年完成土地整备任务24.2平方公里，有力地推进了光明科学城、留仙洞战略新兴产业基地、坝光新兴产业基地、大铲湾及香蜜湖片区（国际交流中心）整备项目等③。

三、制度试验：原集体土地使用权入市

深圳以新一轮土地管理制度改革为指引，针对现行土地制度存在的问题，围绕存量土地再开发、土地节约集约利用等领域，通过试点探索的方式来总结经验，提出一系列深化推动土地改革的政策和措施，进行了大量密集的制度试验（见表3-6）。其中包括：首例原农村集体经济组织工业用地成功入市；首例原农村集体经济组织教育设施用地成功入

① 资料来源：深圳市城市更新和土地整备局．法治护航深化改革，城市更新助推深圳高质量可持续发展［EB/OL］．http：//www.sz.gov.cn/szcsgxtdz/gkmlpt/content/8/8577/post_8577520.html#19175.

② 资料来源：深圳特区报．深圳探索存量土地开发保障产业发展空间［N］．2018-8-22.

③ 资料来源：深圳市规划和自然资源局官网．http：//pnr.sz.gov.cn/.

市；首个土地整备“整村统筹”项目启动；首例养老用地在深圳公开挂牌出让；首个政府主导旧住宅小改造项目地块正式出让；首个棚改示范项目罗湖“二线插花地”棚改项目全面启动建设；等等。这些试验都具有一定的代表性和典型性，为探索建立适应存量土地开发利用的新型土地管理制度，提供了样本示范和政策储备。

表 3－6　　2012 年以来深圳主要土地制度试验

时间	制度试验内容	主要意义
2013 年 12 月	首例原农村集体经济组织工业用地成功入市	对探索农地制度改革具有突破性意义。
2014 年 4 月	首例养老用地在深圳公开挂牌出让	打破传统的养老发展模式，引入社会资本进入养老产业，将土地的开发权交给企业。
2015 年 2 月	首个政府主导旧住宅小区改造项目地块正式出让	开启由政府主导老旧住宅小区改造的模式，丰富土地出让方式。
2015 年 12 月	首例原农村集体经济组织教育设施用地成功入市	盘活存量土地，引进社会资本投入民生领域。
2016 年 12 月	深圳市首个棚改示范项目罗湖“二线插花地”棚改项目全面启动建设	在全国首创了“政府主导＋国企服务＋三房建设（安置房、保障房、人才房）”的棚改模式。
2018 年 7 月	启动首个土地整备“整村统筹”项目	探索土地增值收益的共享分配机制，创新土地再开发利用模式。

（一）首例原农村集体经济组织工业用地成功入市

2013 年 12 月，深圳市首例原农村集体经济组织工业用地正式挂牌出让。该宗土地属于深圳市宝安区下辖福永街道办事处凤凰社区，规划用途为新型产业用地。该地块的土地收益模式为：成交价款的 70% 作为政府收益，30%作为社区收益，同时社区可无偿取得由中标企业移交的20%商品房性质配套物业，共计1.39万平方米。

凤凰社区原农村集体工业用地的成功入市，对探索农地制度改革具有突破性意义。一是通过盘活推动原集体建设用地的入市，为建立全国统一的建设用地市场开了先例。该宗土地是深圳集体土地国有化过程中，由原农村集体经济组织实际占用的土地，相关权益尚未充分厘清。在新一轮土地管理制度改革的推动下该宗土地得以入市交易，为实现全国建设用地同价同权进行了探索，突破了集体建设用地必须要经过征收才能在土地市场上交易的限制，具有重要的现实意义。二是以市场化的手段，采取灵活的现金、物业分成方式，构建了利益共享的分配模式。三是进一步通过土地的市场化配置，实现企业需求方与土地供给方的直接对接，增强了产业用地供给能力，为促进社区经济的转型提供了发展思路，改变了社区早期建房收租的粗放用地模式，推动了产业与社区合作共赢的局面。

深圳允许原农村集体建设用地未经征收直接上市交易，打破了地方政府对土地一级市场的垄断。本次通过国土基金实现政府对集体土地增值收益的分享，摈弃了过去“低征高卖”的方式，是一个极为重要的制度试验，对于深化推动集体土地流转具有一定的示范作用和借鉴意义。

（二）首例养老用地在深圳公开挂牌出让

2014年4月，全国首例养老用地在深圳公开挂牌出让。此次共有两宗地块参与竞拍，吸引35家企业参与。首拍的地块位于深圳市宝安区，面积10860.8平方米，总建筑面积27000平方米，土地使用期限为50年，规划用途为社会福利用地。该宗地挂牌起始价为人民币6850万元，共有17家企业参与竞拍，最终以4亿元中标。随后进行的是位于龙华区的地块竞拍，面积6920.16平方米，总建筑面积15220平方米，土地使用期限为50年。该宗地挂牌起始价为人民币4000万元，共有18

家企业参与竞拍，最终以2.8亿元中标。

首例养老用地的成功出让，打破了传统的养老发展模式。通过引入社会资本进入养老产业，将土地的开发权限交给企业，一则可以减轻政府的负担，二则可以激励企业参与解决养老院数量质量不足的问题，进一步促进了养老产业的健康发展。

（三）首个政府主导旧住宅小区改造项目地块正式出让

2015年2月，深圳首个由政府主导推进的旧住宅小区鹿丹村改造项目地块正式出让。该宗地块创新性地采取定地价、定回迁物业建筑面积、向下竞争可售商品房建筑面积的全新方式挂牌出让。鹿丹村地块总地价8.88亿元，土地面积4.72万平方米，建筑面积为24.41万平方米，其中住宅建筑面积为23.45万平方米，代建回迁住房面积为14.41万平方米，企业建成后需无偿移交市住建局。此外，还有幼儿园、社区管理用房等配套设施。可售面积为商品住房9.05万平方米和配套商业3300平方米。竞拍中可向下竞争可售商品住房部分的建筑面积，竞价者每举一次牌，在回迁住房、商业、配套设施等各部分建筑面积不变情况下，可售商品住房的总建筑面积将相应减少。此次地块出让共有8家企业参与拍卖，最终地块成交的可售商品住房面积为3.99万平方米。鹿丹村地块的成功出让标志着由政府主导老旧住宅小区改造的模式正式开启，进一步创新丰富了土地出让方式。

（四）首例原农村集体经济组织教育设施用地成功入市

2015年12月，深圳首块原农村集体经济组织教育设施用地成功出让。该地位于深圳市龙华区下辖民治街道办事处，土地面积约2万平方米，建筑面积1.85万平方米，土地使用期限为50年。该地块采取如下利益分配模式，政府获取“招拍挂”底价部分，原农村集体经济组织获取扣除交易费后的溢价部分，测算后可获得约2亿元的土地出让金分成。该宗土地的顺利出让是深圳市盘活存量土地，引进社会资本投入民生领域的一次尝试，为后续研究制定相关政策提供了经验。后续该地块将建成 36 班的九年一贯制学校，优先解决片区内的义务教育需求。

（五）深圳市首个棚改示范项目罗湖“二线插花地”棚改项目全面启动建设

棚户区改造最早于 2005 年在东北率先实施，在深圳真正兴起则是 2016 年 12 月 20 日罗湖“二线插花地”棚户区改造正式启动全面签约和房屋拆除。深圳市“二线插花地”现状建设用地内，位于地质灾害高易发区约 15.6 平方公里，现状建设用地内位于地质灾害中易发区约 3.2 平方公里。其中，罗湖“二线插花地”棚户区改造范围包括木棉岭片区、玉龙片区、布心片区等三个片区，总占地面积约为 55 万平方米。罗湖“二线插花地”棚改是深圳建市以来难度最大的一宗拆迁改造项目，因其特殊性和复杂性被业界专家称为“中国棚改第一难”。

深圳的棚户区改造是以“政府主导、政府投资、政府规划”为主线，腾挪的土地资源用于建设回迁房、社会资源公共配套与保障性安居工程。以罗湖“二线插花地”棚改为例，在全国首创了“政府主导 + 国企服务 + 三房建设（安置房、保障房、人才房）”的棚改模式。作为深圳市首个棚改示范项目，罗湖“二线插花地”棚改项目推进建设成效显现：不到一年时间签约超过 99%，三个月搬离 9 万余人，五个月安全拆除 1200 多栋房屋等，目前项目已处于全面建设阶段。

（六）启动首个土地整备“整村统筹”项目

2018 年 7 月 5 日，深圳市坪山区首个居民区整村统筹项目举行启动仪式。沙湖土地整备项目于 2015 年 7 月由深圳市政府审批通过。此次拆除的房屋为原村民私宅，共 40 栋，总面积约 2.4 万平方米。沙湖社区辖区内土地面积约 674.58 万平方米，此次土地整备总面积约 362.95 万平方米。实施“整村统筹”后，政府可收回用地面积约 305.84 万平方米，沙湖社区可获得由政府协议的方式确定权属的社区留用地约 57. 11 万平方米，还可获得政府的 14 亿元补偿资金。

“整村统筹”以社区股份合作公司现状占有使用的整体用地为整备对象，由政府负责规划引导和政策资金支持，社区负责实施土地整备。通过“政府和社区算大账、社区与居民算小账”的形式，来实现政府、社区、居民三方共赢的局面。“政府跟社区算大账”是指政府根据政策法规及城市规划，明确返还社区土地的规模、规划功能和补偿资金，一揽子解决土地历史遗留问题和土地确权问题。“社区与居民算小账”是指充分调动社区股份合作公司的积极性和主动性，由社区来自主解决土地历史遗留问题，并完成房地产确权、房屋补偿、拆除安置，以及土地的清理和移交工作等工作。“整村统筹”土地整备实现了土地收益在利益相关方之间的共享，一揽子解决社区转型发展、公共服务配套不足、土地权属关系复杂等全局性问题，因而具有重要的推广价值。

第五节　本章小结

本章对深圳土地制度演变的历史脉络进行了较为系统的梳理回顾，并根据关键节点和制度实施效果将深圳土地制度演进历程划分为四个发展阶段：初步探索阶段（1979—1991 年）；快速发展阶段（1992—2004 年）；基本形成阶段（2005—2011 年）；调整完善阶段（2012—2020 年）。在每一个特定阶段，政府推动制度变革都是为了解决这一时期经济社会发展的现实需求，实现制度变迁的阶段性目标。为了解决特区初创时期发展建设的资金匮乏，深圳率先开启国有土地有偿使用的制度试验，推动国有土地使用权有偿出让制度的创新。为了解决快速工业化、城市化亟须筹地的迫切需要，深圳实施了集体土地国有化的制度创新。为了解决日益凸显的土地历史遗留问题，深圳又率先开启以城市更新和土地整备为代表的存量土地再利用模式的探索创新。为解决当前城市发展转型对土地功能转换产生的新需求，深圳启动新一轮土地制度改革来进行制度的调整完善，相继开展原集体土地使用权入市等一系列政策试点和制度试验。

本章从历史维度呈现了深圳土地制度演进的“真实过程”。总体而言，在城市自身土地面积的局限性，以及国家顶层制度设计与法律法规对地方土地制度改革的约束下，深圳土地制度变迁呈现出以下特点：一是由于率先开始土地使用权拍卖和国有土地的有偿使用，从而解决了发展初期的资金约束，在特殊政策支撑下成为助力深圳经济迅速崛起的重要因素；二是由于深圳自身土地面积的局限，客观上率先进行土地制度改革的制度绩效并没有一直成为深圳经济高速发展的资源与制度支撑，土地本身成为了深圳进一步发展的短板与硬约束，但同时又促使了旨在提高现有存量土地利用的另一种改革路径的尝试与探索；三是从整体上来说，尽管深圳作为中国改革开放的先行先试的“政策增长极”率先开始了具有历史意义的土地制度的改革，但相对于其他领域的制度改革而言，土地制度改革是相对滞后的，并受到更多的制度环境的约束。

第四章

深圳土地制度变迁的演进特征分析

上一章系统地梳理回顾了深圳土地制度演变的历史脉络，并根据关键节点和制度成效对制度变迁进行四个阶段划分，呈现了土地制度演进的“真实过程”。总体而言，每个阶段以制度创新、试验和扩散等不同方式，产生连续性的、有差异的制度变革，表现出一些规律性的特点特征。本章将在前文的研究基础上，进一步对深圳土地制度演进的总体特征进行归纳总结，从制度变迁的方式、过程和绩效等多个角度来揭示其演进规律。

第一节　变迁方式：强制性与渐进式并存

制度变迁方式是“制度创新主体为了实现一定的制度目标而采取的制度创新形式、速度、突破口等的总和”①。深圳土地制度变迁的方式并不单一，在空间、时间两个维度上都呈现明显的渐进式特征，在关键节点上的制度供给，由政府主导下的强制性变迁始终占据主导地位。因此，总体而言，深圳土地制度变迁呈现强制性变迁与渐进式变迁并存的组合模式特征。

一、政府主导下的强制性变迁

制度变迁的方式分为强制性变迁和诱致性变迁两种方式。强制性制度变迁是指通过政府命令和法律的形式推进的制度变迁，其实施主体主要是国家或政府。诱致性制度变迁是指通过对现行制度安排的变更和替代，或新制度安排的设计，制度内的企业、个人等微观个体为响应这种获利机会，自发倡导和实行的制度变迁。强制性变迁包括中央政府和地

① 杨瑞龙．论我国制度变迁方式与制度选择目标的冲突及其协调［J］．经济研究，1994（5）：40-49.

方政府两种主导方式，以地方政府为主体的制度变迁主要适合于需要地方进行试点的制度安排，或者需要地方政府通过制度创新提供经验积累，深圳土地制度变迁是在中央政府支持下由深圳市政府主导推进行的土地制度变革。

从制度演进历程中的关键节点来看，深圳土地制度变迁呈现明显的强制性特征，政府在推进制度变革中一直扮演着“第一行动集团”的角色。1982 年 1 月，深圳正式施行《深圳经济特区土地管理暂行规定》，首次对客商独资或合资企业用地的土地使用年限和土地使用费进行规定。1987 年 3 月，深圳修订出台《深圳经济特区土地管理暂行规定》，增加了土地使用权可以进行有偿出让、抵押转让等规定。1992 年“统征”和 2004 年“统转”实现集体土地国有化，以及之后为突破存量土地利用难的现实困境，推进城市更新和土地整备模式的制度试验，都是由政府作为制度设计者主导下实施的，制度变迁的推动力均来自政府。当政府基于制度环境的变化，有制度变革的需求时，便有了推进制度变迁的动机。例如，在两次集体土地国有化的推进过程中，受限于国家对农村集体土地转为建设用地的限制，深圳通过强制性的行政手段实施“统征”和“统转”完成了土地的全域国有化，打破了国有土地和集体土地的二元并存的局面。深圳推进土地制度变迁的目的在于削减国家土地管制对城市发展的束缚，谋求国有土地增量的潜在收益。

深圳土地制度变迁之所以呈现明显的强制性特征，与我国独特的政治体制和历史背景有关。在中国当前的制度环境中，基于政治权威和权力地位的不对等，微观个体地位相对较为弱势，且缺乏选择的能力与力量。因此，正式制度的变革必定是以政府为主导的方式来推动。社会发展的战略转型，独特的行政分权和 M 型经济结构，以及政府官员的晋升激励机制等都很好地解释了地方政府在推动地区经济增长与制度创新起到的重要作用。改革开放的成功经验已经证明，政府在中国社会转型期作为制度供给者发挥了巨大作用。因此，深圳土地制度变迁是在改革开放和中央赋予率先改革“政策特权”的制度环境下，由特区政府先行先试主导推动下的强制性变迁。政府具有追求政治目标和经济目标的双重行为特征。当制度环境发生变化时，政府适时调整制度目标，进而对制度变迁的方向和路径产生重要影响。

此外，在不同的历史发展时期，原村民的权利意识也在发生变化，通过调整选择行为，对土地制度变迁的制度绩效产生影响。例如，1992年政府实施“统征”，采用较小代价征用集体土地，适应了城市快速发展对土地的需求，执行效果较好。2004 年的“统转”继续沿用“统征”的补偿标准和操作逻辑，没有充分考虑到市场经济快速发展所引致的环境变化，转地的实施绩效低于预期。“统转”属于政府主导下的单方行为，受意识形态束缚，在顶层制度设计及方案制定过程中，缺少原村民的意愿表达和参与，低估了其利益诉求的负面效应。原村民及集体经济组织面对政府补偿与土地实际价值之间的明显差距，在利益驱动下，纷纷予以抵制，采取“种房保地”的方式，增加地上附着物来维护自身权益，使改革方案的执行大打折扣。

因此，作为国家的根本性制度，土地的制度安排调整更多的采取政府命令和法律法规等形式予以实施，因而天然地具有“自上而下”的强制性特征。深圳政府通过一系列的制度试验和探索，进行土地有偿使用的制度累积，直至实现国有土地使用权出让方式的制度突破。在国有土地独占市场准入的制度约束下，政府始终遵循着“先国有化，再市场化”的资源配置逻辑，从原特区内集体土地“统征”，到原特区外集体土地“统转”，在自我强化机制作用下，逐步发展成“唯有国有化，才能市场化”的演进路径。总体而言，政府主导下的强制性特征始终贯穿深圳土地制度演进的全过程。

二、时空维度上的渐进式扩散

相对于激进的制度变革方式，渐进式制度变迁在推进方式上较为平稳，避免引起较大的社会震荡，且新旧制度转换上轨迹平滑，衔接性较好。深圳土地制度变迁经历了“初步探索—快速发展—基本形成—调整完善”四个阶段的发展，随着历史背景转换的不同，分别采取制度试验、制度创新、制度扩散等方式来推动制度变革，但制度安排、制度环境的变化均始终坚持土地社会主义公有制这一制度底线。在不断通过制度供给进行制度累积的过程中，保证土地制度的稳定性与连续性，也在一定程度上确保经济社会发展的稳定性。纵观土地制度演进历程中的几个关键节点，政府作为制度供给者坚持先行先试的改革理念，在土地公有制的制度底线下，通过密集的制度试验和制度供给，循序渐进地推动着土地制度的变迁，因而具有明显的渐进式特征。

从时间维度来看，1987 年率先开展有偿出让国有土地使用权的尝试。1992 年先行实施原特区内集体土地“统征”，随后开展了户籍、社保、就业等一系列配置制度的改革。1993 年宝安撤县建区，深圳出台文件推进全市土地管制标准的统一化。2004 年通过“统转”将原特区外集体土地转为国有土地，实现全域土地的国有化和单一化。2009 年和 2011 年为提高现有土地的存量使用，率先进行存量土地利用模式创新，为城市化发展提供了可资借鉴的样本示范。2012 年实施《深圳市土地管理制度改革总体方案》启动深圳新一轮土地制度改革。2020 年《深圳经济特区城市更新条例》获市人大常委会表决通过，是全国首部城市更新地方立法。随着经济社会环境的变化，深圳土地制度改革采取分步分阶段的方式进行渐进式演进。

从空间维度来看，深圳土地制度变迁在空间上也呈现明显的渐进式特征。在实现国有土地使用权有偿出让的制度突破过程中，从最初合作开发和土地入股，过渡到收取土地使用费，直到 1987 年确立国有土地使用权有偿出让制度，推动《宪法》和《土地管理法》的修改，为制度从经济特区扩散到全国提供了制度基础，清除了法律障碍。在推动两次集体土地国有化的进程中，深圳先通过实施“统征”，完成特区内集体土地的国有化，进而实现土地管理一体化。而对于特区外的集体土地，则是在城乡二元土地制度的前提下，先适时推进土地管理的“五统一”体制，尽可能维持土地制度的连续性和稳定性，而后实施“统转”完成土地国有化。因此，深圳土地制度的演进在空间上具有分区域逐步推进的渐进式特征。

因此，深圳土地制度演进具有独特的时空特征，在政府主导推动下，在空间上实现了国有土地使用权有偿出让制度走出特区扩散到全国，完成了土地国有化由原经济特区内扩展到全市，在时间上不断进行密集的制度和政策供给，在增加制度累积的过程中，尽可能地保证了制度的稳定性与连续性，通过渐进式的方式来逐步实现制度变迁的目标。因而，在时空两个维度上深圳土地制度变迁兼具强制性与渐进式的组合特征。

第二节 变迁过程：制度环境约束下的主体行为选择

制度环境构成制度变迁的外在约束，制度主体间基于利益的行为博弈是推动制度变迁的重要动力之一，制度环境与制度主体共同决定着制度变迁的方向、路径和实施绩效。从中国过去几十年体制改革的实践经验来看，一项成功的改革一定是激励相容的，即参与改革的各方主体都能获益，否则这项改革将很难推进下去，甚至可能会夭折。深圳土地制度的演变既是政府“自上而下”的强制性制度变迁，也是政府与原村民及集体经济组织之间基于利益博弈，相互妥协并最终达至某种均衡状态的过程。

一、制度环境形塑制度变迁的选择空间

制度环境形塑人们进行制度安排的选择空间。土地制度作为整个社

会制度结构的一部分，受特定的制度环境和历史时间因素的共同影响。经济社会制度结构的变化形成土地制度变迁的外在条件诱因，引致土地制度的调整，决定制度变迁的内容和选择空间。土地制度变迁同时也具有明显的历史延续性，会受到路径依赖、关键节点等时间因素的影响。

深圳土地制度是在特定的政治、经济和社会环境以及意识形态的外在约束下形成的产物。作为改革先锋城市，深圳营造出了一种敢闯、敢试的特区精神，形成了有利于突破僵化体制的意识形态氛围。深圳土地制度变迁长期处于中国由传统计划经济体制向市场经济体制的转型期，从“新中国土地第一拍”开始，直至“统征”“统转”“城市更新”“土地整备”“新一轮土地制度改革”，每个阶段的制度环境因素构成了理解深圳土地制度变迁不可或缺的历史情境。

在初步探索阶段，深圳充分利用先行先试率先改革的“政策特权”，不断谋求扩大制度改革的空间，营造出有利于突破僵化体制机制的意识形态氛围，构建有利于实施土地制度创新的良好政治环境。1979年国务院颁布《中外合资经营企业法》，打破了城市土地所有权与使用权合一的限制。1982年《深圳经济特区土地管理暂行规定》，首次对客商独资或合资企业用地的土地使用年限和土地使用费进行规定。随着国家方针政策的调整，深圳充分利用毗邻香港的地理区位优势，主动承担香港产业转移，创造性地借鉴学习香港的土地批租经验，在坚持土地所有制不变的前提下，通过“出租”土地、合作开发和委托成片开发等方式进行土地有偿使用的试验，激活了土地的经济价值。然而，行政划拨的单一出让方式没能充分发挥市场机制的作用，并没有从根本上缓解政府的资金压力，不足以满足经济社会发展的迫切需求。1982年9月，邓小平在党的十二大上提出“有中国特色的社会主义”的科学概念，指出80年代我国人民的核心任务是抓经济建设，允许对部分产品的生产和流通不作计划，而由市场调节。1984年中共十二届三中全会作出《关于经济体制改革的决定》，指出社会主义和资本主义的根本区别不在于搞不搞计划经济，而在于是否实行公有制，形成了社会主义商品经济理论。深圳很好地把握住关键节点，率先突破僵化的传统计划经济体制束缚与传统意识形态的桎梏，继续推进土地有偿出让的制度试验，开创了国有土地有偿使用的先河，构建了土地资源的市场配置机制，揭开了我国土地市场化改革的序幕。

在快速发展阶段，特区政府在完成资本的原始积累后，制约深圳发展的资源约束由缺钱变成了缺地。我国土地制度具有如下特征：一是实行土地公有制，土地分为农村土地集体所有制和城市土地国有制两种；二是任何单位和个人进行非农建设需要使用土地的，必须依法申请使用国有土地；三是国家实行土地规划、用途管制和指标管理，地方政府决定土地出让的方式与用途。基于上述制度安排，一方面，唯有国有土地具备市场准入条件，客观上造成了国有土地和集体土地权能上的不对等。另一方面，地方政府通过与中央政府进行不断的博弈斡旋，寻求一些土地政策的额外利益来谋求促进地区经济发展。1992 年“南方谈话”和中共十四大召开之后，深圳进入全面提速发展的新阶段，为满足经济社会对土地供应的现实需求，摆脱国家宏观制度层面的束缚，深圳亟须采取新的方式筹集更多的国有建设用地。邓小平在视察深圳经济特区时，鼓励深圳“大胆地试，大胆地闯”，为深圳土地制度试验创造了较为宽松的政治和意识形态环境，由此原特区内的集体土地国有化应运而生，推进实施较为顺利。1994 年分税制改革的推行，进一步强化了地方政府对土地财政的依赖，深圳政府加快推进集体土地国有化的意愿更强烈。而经过多年的发展，原特区外工业已逐步取代农业成为主导产业，原村民也脱离小农生活方式，基本具备了加快城市化进程的经济社会条件。在此背景下，深圳实施了原特区外的集体土地国有化，通过土地制度变革来配合经济社会的发展。

在基本形成和调整完善阶段，2012 年党的十八大召开之后，深圳进入以创新驱动产业转型升级，以绿色低碳引领经济高质量发展的阶段。这一时期，深圳制定了战略性新兴产业发展规划，全面加快建设现代化国际化的创新型城市。如何处理土地的历史遗留问题，破解当前存量土地的利用困境，面对土地对经济社会发展形成的制约，倒逼着深圳率先开启了城市更新、土地整备等存量土地再开发利用的模式探索。由此，2012 年深圳启动了新一轮土地制度改革，实现了“城市规划”和“土地利用指标”两权合一，从而得以对城市中“原农村集体组织占地”展开全面清理与解决，推动原农村集体土地使用权入市等制度试验，提高土地供给能力和利用效率，以满足经济社会快速发展需求。当前，在建设中国特色社会主义先行示范区和粤港澳大湾区的时代背景下，2020 年 10 月中共中央办公厅、国务院办公厅印发了《深圳建设中国特色社会主义先行示范区综合改革试点实施方案（2020—2025 年）》，支持深圳在土地管理制度上深化探索，在城市空间统筹利用等重点领域深化改革探索，先行先试。

关键节点的重大事件构成了深圳土地制度变迁的历史背景。从制度变迁中关键节点的制度供给时机来看，基本都与深圳经济社会发展过程中的一些重大事件相吻合。比如，深圳早期探索以地生财的土地有偿使用制度，解决特区初创的发展建设资金匮乏，与 1980 年经济特区的成立时间非常契合。深圳两次集体土地国有化，旨在解决城市化和工业化快速发展的用地需求，与 1992 年具有重大意义的“南方谈话”和党的十四大召开的时间较为契合。启动新一轮土地制度改革，解决城市发展对土地功能转型的新需求，与 2012 年党的十八大召开和存量用地供应规模首次超过新增用地的拐点相契合。深圳在城市空间统筹利用等重点领域的深化改革与中国特色社会主义先行示范区和粤港澳大湾区的创建紧密关联。可见，深圳土地制度变迁过程中的制度供给的时机，以及制度的每一次路径转换，都与关键节点的重大事件等历史背景密切相关。

此外，土地制度变迁也受到路径依赖机制的影响。一项制度安排在初始阶段，往往会受到经济社会环境、决策者的行为逻辑等诸多因素影响，从而改变其运行轨迹，导致制度在自我强化机制的作用下形成路径依赖。在土地社会主义公有制的前提下，由于国有土地与集体土地权能上的不对等，受土地所有权本身所具有的意识形态性的影响，深圳土地制度变迁基于“先国有化，再市场化”的资源配置逻辑，强化发展成“唯有国有化，才能市场化”，从特区内集体土地“统征”，到特区外集体土地“统转”，在特定的制度环境约束下，沿着最初的国有土地有偿使用的路径逐步加强，而没有在产权层面上再进行创新突破，因此，呈现出明显的路径依赖性。

二、行动主体的利益博弈推动制度变迁

制度变迁既是不同利益主体共同行为选择的结果，也是行动主体互动博弈的过程。地方政府和原村民及集体经济组织基于不同的利益诉求而导致的利益冲突，构成推动深圳土地制度变迁的动力。

地方政府承担着发展经济、社会管理等多重职责，其行为特征和利益诉求表现出多元化的特点。在推动土地制度的变迁过程中，地方政府扮演着土地管理者和经营者的双重角色，既要考虑土地资源的配置效率，通过制度创新来满足经济社会发展的需求变化，又要考虑制度变革的成本收益，在利益得失方面进行权衡，尤其是土地制度的变革必然带来重大利益的调整分配，因而其利益诉求的多元化目标塑造出复杂的行为逻辑。原村民及集体经济组织作为土地制度改革直接的利益相关者，虽然只能被动接受政府的制度供给，但在追求自身利益最大化，以及是否配合政策方面会基于利益权衡做出理性选择。原村民的行为选择取决于制度变革带来的收益是否能满足其利益期望。当改革调整方案令原村民满意时，就能得到有效的落实，反之则会因原村民的抗争而使改革方案的执行效果大打折扣。在城乡二元土地制度下，集体土地国有化涉及土地资源利益的重大调整，对土地资源的竞争性需求，必然引发利益矛盾和冲突。从深圳土地制度变迁的不同阶段来看，虽然主导土地制度变迁的行动主体都是政府，但在不同经济发展阶段和制度环境约束下，原村民的权利意识也表现不同，使得制度供给的实施绩效存在明显差异。

建市初期深圳政府采取的直接征地模式基本适应了经济社会发展的

需求，在利益分配协调方面，直接征地补偿以安置为主，经济补偿为辅的模式进行。通过划拨土地给予原村民补偿，同时制定相关优惠政策鼓励村集体进行项目开发。在原村民认可的补偿和安置基础上，原村民及集体经济组织不但未受损失，相反还顺应了城市化的发展趋势，原村民经济生活水平得到很大改善和提高。

1992 年推进原特区内的集体土地国有化“统征”过程中，政府采取征地补偿金与返还地双补偿制度，最大限度地从现金、土地返还和社区经济发展等多方面保障了原村民及集体经济组织的权益，对于原村民已经形成的违法建筑在整体上采取“宽严相济、既往不咎”处理原则，因此“统征”推进较为顺利。一方面达到了政府推动制度变革的目标，政府以较小的代价征用了集体土地，适应了城市建设快速发展对土地的需求。另一方面在当时的经济环境下，土地的级差地租还未明显上升，原村民比较容易接受政策安排。原村民与政府之间的利益冲突相对并不严重，因此，总体执行效果较好。

2004 年推进原特区外的集体土地国有化“统转”的过程中，实施土地制度变革的是政府主导下的单方行为，由于意识形态的束缚，加之对市场经济认识不足，在转地的顶层制度设计及方案制定过程中，又缺少原村民的意愿表达和参与，低估了原村民利益诉求的负面效应。在具体的政策设计与执行方面出现偏差，如发展用地返还标准较低，山林地被无偿转为国有，青苗补偿费低于 2002 年的标准。对 300 多平方公里的“已建成区”作为历史遗留问题视为征地处理，土地权属统一转为国有，且不再对土地征用进行补偿。非农建设用地方面，工商用地指标仍沿用 10 年前的标准。在高速城市化已造成土地级差地租飞涨的情况下，此次转地并未得到原村民的普遍认可，原村民纷纷进行“违建”和“抢建”予以抗争，导致改革方案的执行效果大打折扣。

从某种程度上讲，深圳土地制度是在特定的政治、经济和社会环境以及意识形态的外在约束下形成的产物。深圳土地制度变迁也是一个政府和原村民及集体经济组织在制度环境约束下基于利益考量参与互动博弈，并最终达至均衡的结果。需要指出是，这一均衡状态并非意味着博弈双方对结果都能满意，只是由于改变这种现状的相对成本和收益制约着双方可能的优化选择。

第三节　变迁绩效：利弊与发展相伴相随

一、助推经济社会高速发展

作为中国经济改革和对外开放的“试验场”，从一个昔日边陲小镇一跃成为具有重要影响力的国际性都市，深圳创造了世界工业化、城市化、现代化史上的奇迹，是中国改革开放 40 年来辉煌成就的缩影。深圳一直承担着引领改革开放的特殊使命，以“杀出一条血路”的气概，率先实行市场取向的经济体制改革，从建立中国首个外向型经济开发区到敲响新中国土地拍卖第一槌，从率先“引进来”到“走出去”，从经济领域改革到全面深化经济、政治、文化、社会、生态文明等体制改革，持续打造国际一流营商环境，极大激发了市场活力，充分发挥了制度变迁的示范效应。深圳目前拥有世界级集装箱枢纽港、亚洲最大陆路口岸、中国第五大航空港，荣获全国文明城市、国际花园城市、联合国教科文组织创意城市网络“设计之都”等称号，成为开放包容、法治昌明、崇德向善、宜居宜业宜游城市。

深圳取得举世瞩目的发展成就主要归功于改革开放的政策推动，更在于深圳通过体制机制改革，尤其是土地制度改革进一步激发了经济活力，吸引了资金、技术、劳动力等要素资源的集聚。从历史沿革看，围绕土地制度的开创性探索始终贯穿于深圳的经济社会发展过程之中。早在特区创立初期，凭借着特殊的政策制度优势和毗邻港澳的地理区位优势，深圳通过创造性地学习借鉴香港的土地批租经验，以低成本的土地解决了资本约束和招商引资等问题，为经济起步奠定了基础。1992 年“南方谈话”后，深圳又大刀阔斧地采取“统征”和“统转”方式，推动全市土地国有化和农民市民化，解决了工业化和城市化快速发展亟须的增量土地问题，实现了经济腾飞。近年来，深圳发展面临“土地有限、资源短缺、人口不堪重负、环境承载力严重透支”等四个“难以为继”的严峻挑战，以及经济发展方式的转换压力，通过实施“腾笼换鸟”战略，率先完成产业结构的转型升级，走出了一条以科技创新驱动经济高质量发展的成功道路。因此，土地作为重要的生产要素资源，为城市发展和基础设施建设提供了资金支持，深圳经济社会的高速发展离不开深圳土地制度改革的贡献。

二、制度约束下的土地困境

统计资料显示，建市以来深圳以年均约 30 平方公里的供地速度，在国内最早达到了 50% 的土地开发强度，远远超出国内一线城市及国际大都市的平均水平。尽管深圳的经济密度一直保持全国前列水平，但地均产出水平还有待提高，市内分区域的产出效益空间差异明显，呈两极分化。此外，建筑物容积率低，各类土地利用结构不合理，以及土地闲置浪费等问题，亟须在土地利用效率和利用效益等方面进行提升改善。在存量土地的再开发利用方面，目前大部分城市更新项目受制于拆迁补偿谈判的困境，整体实施率偏低，限制于土地的供给。土地空间资源的紧缺直接导致高地价、高房价，带来生产、生活成本高企等一系列突出问题。深圳面临着新增建设用地资源近乎耗竭，存量土地再开发利用难度大的困境。受限于深圳市域面积的先天条件，当前随着产业发展与居住用地需求的进一步激增，土地资源稀缺问题已逐渐凸显成为制约当前与未来发展的硬约束。一方面，源于深圳早期快速推进城市化进程中特殊的制度安排所形成的历史遗留问题，导致错综复杂的房地利益关系，限制了存量土地利用的潜力，成为亟待破解的现实难题。另一方面，受土地所有权本身所具有的意识形态性影响，政府在“先国有化，再市场化”的资源配置逻辑下，逐渐强化成“唯有国有化，才能市场化”，有待于对制度约束进行创新突破。

土地从助推经济崛起的有利因素，反转成为掣肘发展的最大短板，迫使深圳率先进行经济结构调整和产业发展模式转型。而随着经济产业的成功转型升级，又反过来倒逼深圳来通过制度创新，适应城市转型发展对土地功能转换产生的新需求。因此，尽管深圳一直走在改革开放的前沿，作为先行先试的“政策增长极”率先开始了具有历史意义的土地制度的改革，但相对于其他领域的制度改革而言，土地制度改革是相对滞后的，并受到更多的制度环境的约束。与其在中国市场经济改革实践中承担的角色与使命并不一致，既有深圳的特殊背景，更在于中国社会当前的土地所有制度和社会管理问题。

第四节　本章小结

本章在前文对深圳土地制度变迁的演进历程分析的基础上，进一步深入剖析研究深圳土地制度变迁的起因、过程和成效不同的演进逻辑，系统总结深圳土地制度变迁的总体特征。

从制度变迁的方式看，深圳土地制度演进具有独特的时空特征，在空间上土地国有化以“统征”和“统转”的方式由原经济特区内扩展到全市，时间上不断进行密集的制度和政策供给，渐进式地进行制度累增，直至完成制度变迁。在土地制度变迁的不同阶段，主导土地制度变迁的行动主体都是政府，基于制度环境的转换变化，适时调整制度目标，成为推动制度变迁主要推动力。因此，深圳土地制度变迁在时空两个维度上兼具强制性和渐进式并存的组合特征。

从制度变迁的过程看，制度安排的调整意味着相关利益的重新调整和再次分配，在不同的经济社会发展阶段和制度环境约束下，地方政府与原村民及集体经济组织基于成本收益分析，会根据制度环境变化来调整策略和行为，从而在利益博弈中选择合作或发生冲突，进而对制度的实施绩效产生明显影响。因此，深圳土地制度变迁本质上是一个政府和原村民及集体经济组织在特定制度环境约束下基于利益考量的互动博弈过程，也是最终达至某种博弈均衡的结果。

深圳土地制度变迁呈现出利弊与发展相伴相随的总体特征，制度绩效前后表现反差明显。一方面，率先进行土地制度改革的制度绩效成为助力深圳经济迅速崛起的重要因素。另一方面，受限于市域面积的制约，早期制度变革的绩效并没有一直成为深圳经济高速发展的资源与制度支撑，土地本身成为了掣肘深圳进一步发展的短板与硬约束，除去客观因素，还需要从深层次的制度层面来探寻破解困境的创新发展。

第五章

深圳土地制度变迁的制度环境分析

制度环境构成制度主体进行制度安排的选择约束空间，制度的结构因素与时间因素共同对制度变迁产生影响，制度与环境的互动耦合推动制度变迁。深圳土地制度是在特定的制度环境约束下形成的产物，离不开政府对环境变化的认识，对关键节点的把握，以及对制度变迁路径依赖性的突破。本章主要从制度环境与土地制度的互动耦合关系入手，研究制度环境中的结构因素与时间因素在深圳土地制度变迁过程中的影响作用机制，还原深圳土地制度演变的历史情境，探寻制度演进历程的内在逻辑。

第一节　制度环境与深圳土地制度变迁

制度环境的变化形塑制度变迁的方向与选择空间。深圳土地制度是特定政治、经济、社会环境以及意识形态的约束条件下形成的产物，经历了初步探索、快速发展、基本形成以及调整完善四个不同的发展阶段，每个阶段通过制度创新、制度试验和制度扩散等不同方式，产生连续性的、有差异的制度变革，伴随制度环境的变化，呈现出规律性的多元化特征（见表5－1）。

一、政治环境与意识形态

“制度变迁对于一个经济体制来讲既是内生也是外生的。制度变迁受到意识形态以及其他价值的判断影响。”[①] 政治环境构成制度变迁的外部政治形势、国家方针政策及其变化。意识形态是社会的信念体系，是指导或影响主体行为的一种非正规规则。通常人们对制度公平、合理

① 斯韦托扎尔·平乔维奇．产权经济学——一种关于比较体制的理论［M］．北京：经济科学出版社，1999：4－6．

表 5－1　深圳土地制度变迁的制度环境背景

制度环境背景	主要意义或影响	深圳土地相关政策
1978 年十一届三中全会提出改革开放	思想的激活，确立以经济建设为中心的国家发展战略和改革开放的基本国策。	1979 年深圳通过多种方式开始有偿使用土地。 1982 年《深圳经济特区土地管理暂行规定》，首次对客商独资或合资企业用地土地使用年限和土地使用费等进行规定。 1987 年深圳土地拍卖，开启土地有偿出让试验。 1988 年 6 月深圳发布《深圳经济特区住房制度改革方案》，首次提出“商品房”概念。
1979 年《中外合资经营企业法》出台	城市土地所有权与使用权合一的坚冰开始松动。	
1982 年《中华人民共和国宪法》颁布 1982 年党的十二大召开	任何组织和个人不得侵占、买卖、出租或者以其他形式非法转让土地。 80 年代我国人民的核心任务是抓经济建设，允许对于部分产品的生产和流通不作计划，由市场调节。	
1984 年十二届三中全会批准《关于经济体制改革的决定》	进一步深化推动市场改革，明确社会主义和资本主义的根本区别不在于搞不搞计划经济，而在于是否实行公有制。	
1987 年《土地管理法》颁布。同年 4 月，国务院提出土地使用权可以有偿转让。同年 11 月，国务院批准深圳等 6 个城市进行土地使用制度改革试点	我国土地使用制度改革正式实施。对土地财产制度和土地资源的合理利用予以规范。国家可以依法对集体土地实行征用，征用后所有权属于国家，用地单位只有使用权。	
1988 年通过《宪法修正案》，同年 12 月，《土地管理法》第一次修正	土地使用权可以依照法律的规定转让，实行国有土地有偿使用制度，为土地市场机制建立奠定制度基础。	

续表

制度环境背景	主要意义或影响	深圳土地相关政策
1990 年《中华人民共和国城镇国有土地使用权出让和转让暂行条例》颁布	国家按照所有权与使用权分离的原则，实行城镇国有土地使用权出让和转让制度。	1992 年 6 月，《关于深圳经济特区农村城市化的暂行规定》，推动特区内的集体土地国有化。同年 6 月，《深圳经济特区土地使用权出让办法》出台。
1992 年党的十四大确立正式建立社会主义市场经济体制	进一步深化推动土地市场化改革。	
1994 年分税制改革	搭建中央与地方财政分配关系基本制度框架，推动形成土地财政发展模式。	1994 年 7 月，《深圳经济特区土地使用权出让条例》施行。 2001 年 3 月，发布《深圳市土地交易市场管理规定》对土地市场交易进行规范。 2003 年 10 月，《关于加快宝安、龙岗两区城市化进程的意见》，以及 2004 年 6 月，《深圳市宝安龙岗两区城市化土地管理办法》推动特区外的集体土地国有化。
1998 年出台《关于进一步深化城镇住房制度改革、加快住房建设的通知》	推进住房分配货币化改革，强化地方政府对土地财政的路径依赖。	
2001 年中国加入 WTO	参与世界分工，中国对外开放进入全新的阶段。	
2004 年《土地管理法》第二次修正	国家为了公共利益可依法征收或征用土地，土地的资本作用不断加强。	

续表

制度环境背景	主要意义或影响	深圳土地相关政策
2012 年国土资源部和广东省政府对《深圳市土地管理制度改革总体方案》联合批复	允许深圳将城市规划和土地利用指标两权合一，对原农村集体组织占地开展全面清理与解决。	2005 年 12 月，全国首次以挂牌方式成功出让工业用地。 2006 年 6 月，出台《深圳市人民政府关于进一步加强土地管理推进节约集约用地的意见》“1 +7” 文件。 2009 年 10 月出台《深圳市城市更新办法》。 2011 年 7 月实施《关于推进土地整备工作的若干意见》推进存量土地再利用模式创新。 2012 年深圳启动新一轮土地制度改革。 2012—2019 年深圳围绕存量土地再开发、土地节约集约利用、城市生态管控等领域进行一系列的制度试验，探索建立适应存量土地开发利用的新型土地管理制度。 2020 年深圳出台《深圳经济特区城市更新条例》，全国首部城市更新地方立法。
2012 年 11 月《中华人民共和国土地管理法修正案（草案）》通过	对农民集体所有土地征收补偿制度进行调整修改。	
2013 年十八届三中全会启动土地制度全面深化改革	建立城乡统一的建设用地市场。允许农村集体经营性建设用地出让、租赁、入股，实行与国有土地同等入市、同权、同价。完善被征地农民的合理、规范、多元化保障机制等。	
2019 年《土地管理法》第三次修正	删除第四十三条，关于从事非农业建设使用土地的，必须使用国有土地或者征为国有的原集体土地的规定，扫清集体经营性建设用地入市的法律障碍。	
2019 年《广东省人民政府关于深化改革加快推动“三旧”改造促进高质量发展的指导意见》	全面推进土地供给侧结构性改革，优化“三旧”改造市场化运作机制，加快推动“三旧”改造取得突破性进展，促进高质量发展。	
2020 年《深圳建设中国特色社会主义先行示范区综合改革试点实施方案（2020—2025 年）》	支持深圳在土地管理制度上深化探索，在城市空间统筹利用等重点领域深化改革、先行先试，实现城市的高质量发展。	

以及正当与否的判断由意识形态来决定。政治环境与意识形态共同构成深圳土地制度变迁的约束条件，共同影响着土地制度变迁的生发和演进。

（一）国家方针政策的调整形成深圳土地制度变迁的政治基础

1978年党的十一届三中全会召开，提出“解放思想、实事求是、团结一致向前看”的方针，确立以经济建设为中心的发展战略与改革开放的基本国策。将全党工作的重心转移到了社会主义现代化建设上来，会议强调了按经济规律办事，重视价值规律的作用。1982年党的十二大又明确指出，20世纪80年代我国人民的核心任务是抓经济建设。1984年党的十二届三中全会批准《关于经济体制改革的决定》，是对经济改革最全面的阐述，确立邓小平“有中国特色的社会主义”的科学概念，宣布社会主义和资本主义的根本区别不在于搞不搞计划经济，而在于是否实行公有制，解决了为何社会主义能够接纳市场改革的重大命题。1987年4月，国务院提出土地使用权可以有偿转让。同年11月，国务院批准深圳等6个城市进行土地使用制度改革试点。党中央关于市场调节作用重要性的肯定性结论，为深圳探索国有土地使用权的有偿使用提供了重要的政治基础。因此，改革开放和以经济建设为中心的重大方针政策调整，赋予了深圳经济特区最大的无形资源和软实力，它像一块磁石，把土地、资金、技术、劳动力等资源激活并吸引过来，助推深圳城市化和工业化的快速发展。

（二）社会主义公有制决定深圳土地制度变迁的制度底线

深圳土地制度变迁的初始状态是典型的城乡二元土地制度，即城市土地国有制和农村土地集体所有制并存。国有建设用地实行行政划拨、无偿无限期的使用方式。在土地制度变迁过程中，制度安排、制度环境的变化均始终坚持土地的社会主义公有制这一制度底线。因此，土地的所有制度是锁定的，土地制度改革只能在所有权与使用权的分离上做文章。在深圳土地制度变迁的早期阶段，中国正处于传统的计划经济体制向市场经济体制的转型期，土地的经济价值没有体现出来。随着经济社会环境变化，1979 年《中外合资经营企业法》出台，城市土地所有权与使用权合一的坚冰开始松动。深圳通过分离国有土地所有权与使用权，对土地的财产权制度进行重构，确立国有土地使用权有偿出让制度，激活了土地的经济价值，通过土地制度改革助推深圳经济的迅速崛起。在社会主义公有制的制度底线约束下，未来土地制度改革的主线仍将是围绕土地的使用权来进行强权赋能，如何从产权制度层面来进行创新突破。

（三）经济特区的独特地位与功能成为深圳土地制度变迁的影响变量

1980 年深圳经济特区创立之初，即被国家赋予改革开放“窗口”和体制机制“试验田”的重大使命，1992 年又被全国人大授予特区立法权。深圳市政府充分利用先行先试先改革的“政策特权”，不断谋求扩大制度改革的空间，致力于为土地制度的创新营造良好的政治生态环境。作为改革先锋城市，深圳营造了敢闯、敢试的特区精神，突破僵化的传统计划经济体制束缚与传统意识形态的桎梏，开创了国有土地有偿使用的先河，敲响了新中国土地拍卖第一槌，通过两次集体土地国有化，成为中国首个没有农村建制的城市，率先开启了土地再开发利用模式创新等，为全国其他城市和地区提供了可资借鉴的制度经验。因此，经济特区良好的政治环境和独特的城市品格构成了土地制度变迁的重要影响变量。

（四）法律法规体系赋予深圳土地制度变迁的选择空间

制度环境决定制度变迁的选择空间，深圳推进“统征”“统转”目的既在于通过土地全域国有化，消减国家土地管制对快速发展的约束，突破用地需求限制，也是为了谋求增量土地带来的经济利益，并借此加强对深圳全市土地和规划的一体化管理。深圳充分利用了当时法律体系赋予的创新空间。其中，“统征”依据《土地管理法》第四十七条等相关条款，根据经济社会发展需要，将一个区域的土地经相关程序征为国有。“统转”主要依据《实施条例》第2条第5项规定。深圳采取先改变农村行政建制和户籍，然后将宝安、龙岗两区原属于农民集体所有的土地全部转为国家所有，但这种创新做法并不符合立法原意，在法律界、学术界也引发了一些思考和质疑。深圳以行政手段迅速完成集体土地的国有化，为后续经济社会的发展奠定了基础。此后，国家通过立法性解释对深圳转地的法律依据予以否定，但认可了深圳的转地行为。因此，深圳“统转”也成为中国土地制度和法律框架下难以复制的特例。

（五）意识形态对深圳土地制度变迁产生重要影响

阿马蒂亚·森认为，人的实质自由是发展的最终目的和基本手段。人的观念转变与思想解放是社会变革的前提。因此，意识形态在维持原有制度以及实现制度变迁中起到“双刃剑”的作用。早在经济特区成立之初，便出现了关于市场经济“姓资姓社”的争论。在深圳土地制度的早期探索阶段，围绕土地是否是商品，国有土地的使用权能否出租和出卖等问题，在意识形态领域依然存在着较大争议，人们受计划经济时期思维影响已久，一时难以转变。面对质疑和争议的考验，特区政府顶住压力，以“敢为天下先”的勇气，突破僵化的传统计划经济体制束缚，不断推进土地有偿出让的制度试验，最终开创了国有土地有偿使用的先河。此外，来自邓小平等中央决策高层的肯定和支持也起到至关重要的作用。在深圳土地制度的快速发展和基本形成阶段，受土地所有权本身所具有的意识形态性影响，在社会主义公有制的制度底线和国有土地独占市场准入的制度约束下，特区政府推动土地制度改革始终服务于以经济建设为中心的发展战略，从属于配合地区经济社会发展的宏观目标，基于“先国有化，再市场化”的资源配置逻辑，沿着最初的国有土地有偿使用的演进路径，而没有再从土地产权上进行突破性的制度创新，呈现出明显的路径依赖特征。当前，随着制度环境的变化，对既有制度的修补和微调所能释放的动力越来越少，面对城市转型发展对土地功能调整提出的新需求，特区政府应勇于自我革新、解放思想、先行先试，突破意识形态的束缚，继续深化推动土地制度的创新改革。

二、经济社会环境

土地是经济社会发展的重要资源，土地的制度安排嵌入一定的经济社会环境之中，环境的变化引致土地制度的调整，并对土地制度变迁产生重要的影响。

市场经济体制改革构成深圳土地制度变迁的历史背景。1980 年 5 月中共中央和国务院 41 号文件指出，四个特区将“实行不同于其他地方的制度和政策，经济特区将主要受市场调节”。1982 年党的十二大又明确指出，允许对于部分产品的生产和流通不作计划，由市场调节。1984 年党的十二届三中全会明确，解决了为何社会主义能够接纳市场改革的重大命题。1992 年党的十四大确立正式建立社会主义市场经济体制。市场化改革的深化推进，为深圳的土地有偿出让以及市场化配置机制的建立奠定了重要的实践条件。随着我国经济社会体制改革的深化，市场逐步取代计划成为资源配置的重要方式，土地的有偿使用和土地使用权有偿转让都是在经济社会体制改革的环境下不断进行试验探索的产物。行政分权和财政分权共同激励地方政府去致力于维护市场和发展经济。在每一个特定阶段，政府推动制度变革都是为了解决这个时期经济社会发展的现实需求，通过制度变革来实现阶段性的目标。

（一）土地制度初步探索阶段的经济社会环境

经济特区成立初期，中央只赋予深圳改革试验的特殊政策，面临经济发展和城市建设资金极为匮乏的窘迫局面，如何在土地利用上做文章，尽快通过盘活国有建设用地来获取建设发展的启动资金，以及解决外资企业落地的现实问题，成为特区政府推动土地制度变革的中心工作。国有土地使用权有偿出让制度，解决改革开放初期的融资问题，为城市基础设施建设提供了重要的资金来源，有力地支持了深圳早期的招商引资，以及建立外向型经济的发展战略。

（二）土地制度快速发展阶段的经济社会环境

1992年“南方谈话”和中共十四大召开后，深圳经济社会发展进入全面提速阶段。分税制改革、住房制度改革、中国加入世界贸易组织等一系列重大事件，推动了改革开放继续深化和市场经济体制的建立和完善。城市化和工业化的快速发展，很快遭遇到无地可用的困境。为满足经济社会发展的现实需求，深圳政府推动土地制度变革的中心工作逐渐由“筹钱”转为“筹地”。始于1994年的分税制改革是我国财政税收体制的重大变革，对中央政府和地方政府的财政收支关系进行了重新调整，由分税制改革衍生形成的土地财政客观上刺激并推动了地方的土地制度创新。分税制使得地方政府的利益独立化，赋予了地方政府剩余索取权，使地方政府为获得更大比例的分成租金，更愿意承担因制度创新而引起的风险，更有动力去推动制度创新变革。1998年国家出台《关于进一步深化城镇住房制度改革、加快住房建设的通知》，推进住房分配货币化改革，强化地方政府对土地财政的路径依赖。同年，新修订《土地管理法》在土地的管理和利用方式上进行重大改革，通过建立基本农田保护制度，耕地占补平衡制度和建设用地转用审批制度，严格进行土地用途管制，切实保护耕地。2001年中国加入世贸组织，通过参与世界分工，推动对外开放进入全新的阶段。此外，特区外宝安、龙岗两区经过90年代工业化的快速发展，工业已取代农业成为主导产业，且原村民已脱离传统小农生活方式的历史背景下，形成了推动集体土地国有化的经济社会条件。上述经济社会环境发生的深刻变化，合力构成了深圳推动集体土地国有化的重要影响因素，1992年原特区内的“统征”和2004年原特区外的“统转”这样的经济社会背景下应运而生。

（三）土地制度基本形成阶段的经济社会环境

2005年底原宝安、龙岗两区集体土地国有化工作已基本结束。这一时期，深圳的经济社会发展环境又发生了深刻的变化。一方面深圳的发展开始面临四个“难以为继”，给经济结构调整和产业转型升级带来诸多不利影响。另一方面，深圳全面落实科学发展观，深化推动经济社会体制改革，正致力于高标准打造综合配套改革试验区、国家创新型城市、国际化城市和中国特色社会主义示范市的宏伟发展目标，因而对城市化发展提出了更高的要求。在新的机遇和挑战形势下，土地历史遗留问题带来的负面效应却逐步凸显，量大面广的违法建筑和违法用地导致存量土地难以有效利用，新增建设用地供应日趋紧张。面临来自土地和空间资源难以为继的硬性约束，深圳被迫率先开启城市更新、土地整备等存量土地再开发的制度创新和试验，来满足产业转型和城市发展对制度调整的新需求。同时加强对全市土地的统一规划和管理，推进土地集约节约利用，逐步完善相关法律法规和具体政策。

（四）土地制度调整完善阶段的经济社会环境

2012年深圳存量土地供应规模首次超过新增土地供应规模，率先进入以存量土地再开发利用为主的新阶段。党的十八大召开之后，深圳制定战略性新兴产业发展规划，全面加快建设现代化国际化的创新型城市。然而，面临经济结构调整优化和特区一体化的现实需要，土地空间资源稀缺的问题日益凸显。为解决当前城市发展转型对土地功能转换产生的新需求，深圳率先启动新一轮土地改革，相继开展了原集体土地使用权入市等一系列的制度试验。随着2020年10月中共中央办公厅、国务院办公厅印发了《深圳建设中国特色社会主义先行示范区综合改革试点实施方案（2020—2025年）》，支持深圳在土地管理制度上深化探索，在城市空间统筹利用等重点领域深化改革、先行先试，实现城市的高质量发展。当前，随着经济社会环境发生的新变化，土地已成为制约深圳发展的最大短板与硬约束。源于深圳早期快速推进城市化进程中特殊的制度安排所导致的历史遗留问题，限制了存量土地的有效开发利用，错综复杂的房地利益冲突已成为亟待破解的现实难题。此外，经过多年经济社会的快速发展，深圳原村民对土地增值收益和个人权益有了更清晰的认识和维权意识，再以政治化、运动式的方式强制推行制度变迁会因利益分配而加剧冲突，显然不再行得通。因此，新一轮土地制度改革只能通过顶层设计、分步实施，借助渐进式的制度试点来稳步推进。

第二节　“时间中”的深圳土地制度变迁

关键节点和路径依赖在制度变迁中发挥着关键作用，本节重点分析深圳土地制度演进历程中的关键节点和路径依赖等时间因素对深圳土地制度变迁的影响作用机制，进一步阐明深圳土地制度变迁的演进逻辑。

一、关键节点的制度供给

关键节点对于制度变迁至关重要（见表5－2）。“关键节点强调一种可以对制度结果产生重要影响并将制度推向更为明显轨道的时间节点。”① 制度变迁的重要机会往往出现在一个短暂时刻，关键节点将制度安排置于一定的轨道上，接着制度进入较长的稳定阶段，并由此形成制度变迁的间断平衡特征。间断强调了制度变迁中的不连续性，而平衡则强调了制度的内在运行机制。间断以关键节点为中心，而平衡则以路径依赖为核心。

① Collier. Ruth Berins and David Collier. Shaping the Political Arena: Critical Juncheres, the Labor Movement and Regime Dynamics in Latin America [M]. Princeton University Press, 1991.

表 5 - 2　　深圳土地制度变迁的关键节点

时间	标志性事件/政策	主要意义
1987 年	新中国首次公开拍卖土地使用权	开启国有土地使用权有偿转让的历史，直接推动宪法的修订。
1992 年	《关于深圳经济特区农村城市化的暂行规定》和《关于深圳经济特区征地工作的若干规定》	率先在原特区内实施“统征”，实现集体土地国有化和农民市民化。
2004 年	《关于加快宝安龙岗两区城市化进程的意见》和《深圳市宝安龙岗两区城市化土地管理办法》	在原特区外实施“统转”，实现全市域集体土地国有化，以及农民市民化。
2006 年	《深圳市人民政府关于进一步加强土地管理推进节约集约用地的意见》，以及《深圳市土地储备管理办法》等“1+7”文件	推进土地集约节约利用，强化土地统一管理。
2009 年	《深圳市城市更新办法》	全面推进城市更新工作。
2011 年	《关于推进土地整备工作的若干意见》	全面推进土地整备工作。
2012 年	《深圳市土地管理制度改革总体方案》	开启新一轮土地制度改革。
2020 年	《深圳经济特区城市更新条例》	全国首部城市更新地方立法。

根据制度变迁的关键节点和制度成效不同，本书将深圳土地制度变迁的历程划分为：初步探索阶段（1979—1991 年）；快速发展阶段（1992—2004 年）；基本形成阶段（2005—2011 年）；调整完善阶段（2012—2020 年）四个阶段。上述四个阶段的划分正是基于新中国土地拍卖第一槌、“统征”、“统转”、新一轮土地制度改革等对深圳土地制度带来重大影响的关键节点。这几个关键节点基本与深圳经济社会发展过程中的重大事件吻合，比如 1980 年经济特区成立，1992 年“南方谈话”和党的十四大召开，2012 年党的十八大召开与存量用地规模首次

超过新增用地出现拐点，2019 年中央通过《关于支持深圳建设中国特色社会主义先行示范区的意见》和《深圳建设中国特色社会主义先行示范区综合改革试点实施方案（2020—2025 年）》，支持深圳在城市空间统筹利用等重点领域深化改革、先行先试。但由于土地制度有其自身演变的规律，土地制度变迁史与社会发展史并不完全一致，比如“统征”“统转”，对深圳土地制度而言是重大的关键节点，但对于社会发展史来说却未必是。

关键节点事件不仅构成土地制度变迁的背景，也决定着其变迁的方式、路径、形态和绩效。在特区创立之初，为解决建设发展资金的匮乏，深圳探索以地生财的土地有偿使用制度，承认了土地的商品属性，直接推动《宪法》的修改。1992 年“南方谈话”之后，随着深圳加快推进城市化和工业化发展，土地资源短缺问题开始凸显，为了加强土地资源的统一管理，消减国家土地管制对城市发展的约束，谋求增量土地带来的经济利益，1992 年和 2004 年深圳推动特区内外两次集体土地国有化。在关键节点的制度供给上，“统征”执行得较为顺利，而“统转”的效果则受到一定影响，究其原因在于没能充分考虑到制度环境的变化，政策设计与执行出现偏差，尤其是转地补偿政策不到位等，导致土地历史遗留问题影响至今。2012 年存量用地供应规模首次超过新增用地供应规模的拐点，深圳又适时启动了新一轮土地制度改革，旨在解决城市发展对土地功能转型的新需求。2020 年深圳进行全国首部城市更新地方立法，形成全面完善的城市更新政策体系，坚持政府引导、市场运作与利益共享的原则，为存量土地利用提供政策指引。

二、政府主导下的路径依赖性

路径依赖本质上是一种制度的自我强化机制。保罗·皮尔逊认为，路径依赖的形成是由于制度形成本身具有一定的偶然性、惯性、时序性等特征，从而导致制度变迁的高转制成本以及学习效应等，制度变迁的路径会由此得到自我强化。诺思把路径依赖解释为从过去衍生而来的制度和信念影响目前的选择。

深圳土地制度变迁是“自上而下”的制度变迁，无论是“统征”“统转”还是土地整备，都是由政府主导下推动的，具有明显的强制性特征。这种强制性特征的呈现，与我国独特的政治体制和历史发展背景有关。在中国当前的制度背景下，基于政治权威和权力地位不对等，土地制度等正式规则的变革必定是以政府主导的方式来推动的。因而，政府在土地制度设计中注入了政府意志，当政府的主导意识形态和制度目标发生改变时，相应的制度安排也随之进行调整。

受土地所有权本身所具有的意识形态以及制度环境的影响，深圳土地制度变迁表现出明显的路径依赖性。在土地社会主义公有制的前提下，源于集体土地产权的不完整，加之进入市场合法通道的缺失，在国有土地独占市场准入的制度约束下，深圳土地制度始终遵循着“先国有化，再市场化”的资源配置逻辑。从特区内集体土地“统征”，到特区外集体土地“统转”，在自我强化机制的作用下，对于原集体土地的利用逐步演变成“唯有国有化，才能市场化”的演进路径，而没有从土地产权上再进行突破性的制度创新，因而总体上，深圳土地制度变迁呈现出较为明显的路径依赖特征。

第三节　制度边际上的适时调整

制度环境因素的变化构成了理解深圳土地制度变迁不可或缺的历史情境。深圳土地制度变迁离不开政府对制度环境变化的正确辨识，对关键节点的把握，以及对路径依赖的突破，制度变迁的过程也是土地制度与制度环境不断耦合的过程。

一、制度环境的变化

深圳土地制度变迁是一个动态演化的过程，是效率更高的新制度安排替代旧制度的过程，同时也是制度主体在一定的制度环境约束下为实现制度目标获得潜在利益推动制度变革的结果，而潜在利益的产生与制度环境的变化密切相关。制度环境的变化构成深圳土地制度变迁的历史情境。

特区初创时期，深圳城市建设和经济发展对资金的需求巨大，恰逢世界范围内产业转移的历史机遇，深圳拥有毗邻香港的地理区位优势，以及中央赋予改革试验的特殊政策，在当时的制度环境下，推动国有土地有偿使用、使用权有偿出让获取发展资金，正是适当适时的创举。在城市化和工业化的快速发展阶段，深圳完成了资本的原始积累，制约发展的因素已经由“钱”变为“地”，制度环境也随之发生变化，为了突破国家对农村集体土地转为建设用地的约束，以及更严格土地用途管制制度，解决增量用地的紧迫需求，基于宝安、龙岗两区的经济社会发展状况，实施两次集体用地国有化的制度探索。在土地制度的基本形成阶段，深圳主要着力于强化土地的统一管理，加强土地管理机制体系的构建。针对土地的历史遗留问题，深圳适时启动城市更新和土地整备来探索存量土地的再开发模式。在土地制度的调整完善阶段，随着土地空间不足的硬约束逐步凸显，深圳土地制度原有的制度框架所能释放出的效用逐渐递减，简单的制度修补调整已经很难满足经济社会环境对制度创新的需求，且成本很高。此时，深圳地方经济发展的良好态势，且对土地出让收入的依赖程度较低，因而制度环境的变化为新一轮土地制度改革提供了有利条件。

由此可见，在深圳土地制度变迁的演进过程中，随着制度环境的变化，土地制度都进行了适时调整，每一次制度变迁都是先通过原有制度边际上持续不断的制度累积，最终实现变迁路径的转换，因而整体上也呈现出渐进式变迁的特征。

二、关键节点的把握

历史制度主义学者认为，关键节点是路径依赖的起点，关键节点一定会产生制度变迁，因此，关键节点发生的重大事件对制度变迁影响深远。深圳政府充分利用中央赋予的先行先试先改革的“政策特权”，不断谋求扩大制度改革的空间，为土地制度的创新营造良好的制度环境。

早在深圳经济特区初创时期，为解决发展建设资金的匮乏，抢抓香港产业转移的历史机遇，1979 年特区政府尝试“向土地要资金”，开始进行土地有偿使用的试验。继而在特殊政策加持下，又于 1987 年率先开启土地使用权有偿出让的制度试验，拉开土地制度改革的序幕。在完成原始资本的积累阶段之后，为满足城市化和工业快速发展的用地需求，分别于 1992 年和 2004 年适时推进“统征”和“统转”，把握住了筹集增量土地的关键节点。然而，在“统转”的实施过程中，由于对制度环境尤其是经济社会环境变化所带来的影响缺乏准确辨识，沿用了传统征地方式，遭遇原村民的抵制，导致制度变迁的绩效没有完全达到预期效果。2012 年是土地供应由增量转向存量过渡的转折点，深圳适时启动了新一轮土地制度改革。一方面，深圳既承载着先行先试，探索土地管理新模式的新使命，另一方面也是出于破解城市发展土地困局的现实需要。针对现行土地制度存在的问题，深圳推出一系列土地改革的政策和措施，进行了大量密集的制度试验。其中，包括适时推进集体土地使用权入市、城市更新与土地整备等存量土地开发模式创新等。回顾深圳土地制度演进的发展历程，能否敏锐地把握住制度变迁中的关键节点，并进行有效的制度供给，对制度变迁的整体实施绩效会产生重要的影响。

三、路径依赖的突破

制度环境建构制度变迁的选择空间，制度安排的响应速度要与制度环境变化相契合，即找到与制度环境变化耦合的关键节点，才可能达到预期效果。相对于制度环境的变化，制度安排响应速度慢则会降低制度绩效，如果快于制度环境变化，那么也会由于与其他制度的匹配性和互补性，以及与制度环境的耦合性影响到制度供给预期的绩效。

任何一项制度都是特定经济社会发展阶段下的产物，必然有其历史局限性。迄今为止，深圳土地制度改革取得成功的原因，在于政府准确地识别了制度环境的变化，以先行先试率先改革的“政策特权”与城市品格，突破僵化的传统计划经济体制束缚与传统意识形态的桎梏，把握住了制度供给的关键节点，从而推动了土地制度向更高效率的制度安排演进变迁。1987 年深圳开辟了国有土地有偿使用的先河，是对土地管理制度的直接突破，直接推动 1988 年《宪法》的修订。2013 年 12 月，深圳首例原农村集体经济组织工业用地成功入市，是对土地资源“先国有化，才能市场化”配置模式的重要突破，为建立主体地位平等、开放统一、竞争有序、流转规范的土地市场进行了有益的探索。

当前，受政府主导下路径依赖性的影响，深圳现行土地制度中还存在着产权尚不够明晰、资源配置方式较低效和增值收益分配不公平等制度层面的问题，对制度的绩效水平产生一定的负面影响，难以适应城市发展的新需求。因此，要突破现有制度约束，实现土地制度改革的路径转换，离不开政府对制度环境变化的正确辨识，对关键节点制度供给时机的把握，对僵化意识形态束缚的突破，以及对制度创新环境的优化。

第四节　本章小结

本章主要从制度环境与土地制度的互动耦合关系入手，系统地阐明了制度环境的结构因素和时间因素对深圳土地制度变迁产生的影响机制。通过对深圳土地制度变迁历史情境的分析，着重讨论了政治环境与意识形态和经济社会环境等制度结构因素，以及关键节点和路径依赖等时间因素对深圳土地制度变迁的影响。随着制度环境的变化，深圳土地制度进行了适时的调整，每一阶段的制度变革都是通过在原有制度边际上持续不断的制度累积，直至最终完成变迁路径的转换，从而使得深圳土地制度变迁整体上呈现出渐进式的特征。深圳土地制度的改革离不开政府对制度环境变化的认识，对关键节点的把握和对路径依赖的突破，制度变迁是土地制度与制度环境不断耦合的过程。

深圳土地制度变迁是特定制度环境约束下的产物。政治环境与意识形态以及经济社会环境的变化共同引致土地制度的调整。政治环境与意识形态变化对深圳土地制度变迁的影响体现在：国家方针政策的调整形成深圳土地制度变迁的政治基础；社会主义公有制决定深圳土地制度变迁的制度底线；经济特区的独特地位与功能成为深圳土地制度变迁的影响变量；法律法规体系赋予深圳土地制度变迁的选择空间；意识形态对深圳土地制度变迁产生重要影响。

市场经济体制改革构成深圳土地制度变迁的历史背景。在深圳土地制度演变的不同发展阶段，政府推动土地制度变革都是为了解决经济社会发展的现实需求，实现推动制度变革的阶段性目标。土地制度初步探索阶段的主要解决特区初创时期的发展建设资金匮乏，深圳充分利用中央赋予经济特区率先改革的“政策特权”，推动了土地有偿使用、土地使用权有偿出让等一系列制度试验和创新举措。土地制度快速发展阶段主要是为了解决城市快速发展亟须筹地的问题，推动了 1992 年原特区内的“统征”和 2004 年原特区外的“统转”。土地制度基本形成阶段主要是为了解决违法建筑和违法用地等历史遗留问题，深圳率先开启城市更新、土地整备等存量土地再开发的制度创新和试验。土地制度调整完善阶段旨在解决城市发展对土地功能转型的新需求，深圳适时启动了新一轮土地制度改革，并推动了原农村集体经济组织工业用地入市等一系列的制度试验。

关键节点事件形成土地制度变迁的背景，也决定着其变迁的方式、路径、形态和绩效。深圳土地制度变迁过程中的制度供给的时机，以及制度的每一次路径转换，都与关键节点的重大事件等历史背景密切相关。深圳早期探索以地生财的土地有偿使用制度，解决特区初创的发展建设资金匮乏，与1980年经济特区的成立时间非常契合。深圳两次集体土地国有化，旨在解决城市化和工业化快速发展的用地需求，与1992年具有重大意义的“南方谈话”和党的十四大召开的时间较为契合。启动新一轮土地制度改革，解决城市发展对土地功能转型的新需求，与2012年党的十八大的召开，存量用地供应规模首次超过新增用地的拐点，以及2019年深圳建设中国特色社会主义先行示范区和粤港澳大湾区的时代背景相契合。

深圳土地制度变迁受土地所有权本身所具有的意识形态以及制度环境的影响而表现出明显的路径依赖性。在土地社会主义公有制的前提下，源于集体土地产权的不完整，加之进入市场合法通道的缺失，在国有土地独占市场准入的制度约束下，深圳土地制度遵循着“先国有化，再市场化”的资源配置逻辑，从原特区内集体土地“统征”，到原特区外集体土地“统转”，在自我强化机制作用下，逐步发展成“唯有国有化，才能市场化”的演进路径。

纵观深圳土地制度演变历程，每个阶段土地制度的生发演进过程均体现了政治环境、意识形态、经济社会环境，以及关键节点和路径依赖的合力影响。制度环境因素的变化构成了理解深圳土地制度变迁不可或缺的历史情境。要突破现有制度约束，实现土地制度改革的路径转换，离不开政府对制度环境变化的正确辨识，对关键节点制度供给时机的把握，以及对僵化意识形态束缚的突破和制度创新环境的优化。

第六章

深圳土地制度变迁中的主体选择行为分析

制度变迁由人的行动来推动，而参与到博弈之中的利益相关方会根据各自的利益诉求采取异质的选择行为，推动着制度向着有利于本方利益的方向发展，通过互动博弈使制度达至某种均衡状态。本章在上一章对深圳土地制度变迁过程的制度环境分析基础上，进一步深入探讨土地制度变迁相关利益主体的选择行为及利益诉求，以及博弈决策的改变对制度绩效的影响。通过构建博弈模型来深入分析政府与原村民及集体经济组织围绕土地利益的行为选择和互动博弈过程，从利益冲突的视角来厘清土地问题的历史成因和形成逻辑。

第一节　土地制度变迁相关行动主体及其利益诉求

如图 6－1 所示，政府和原村民构成制度变迁的主要行动主体和利益相关方，其选择行为深刻影响着深圳土地制度演变进程和利益博弈的结果。原村民属于特定的原农村集体经济组织，当原村民与原农村集体经济组织及内部成员之间的利益相一致时，原农村集体经济组织将保护原村民的利益，为其争取利益诉求。政府作为土地利益博弈的对立方，通过强制征收或协商谈判等多种方式来获得土地利益。政府内部自上而下也存在着不同的价值取向和利益分配问题。政府与原村民及集体经济

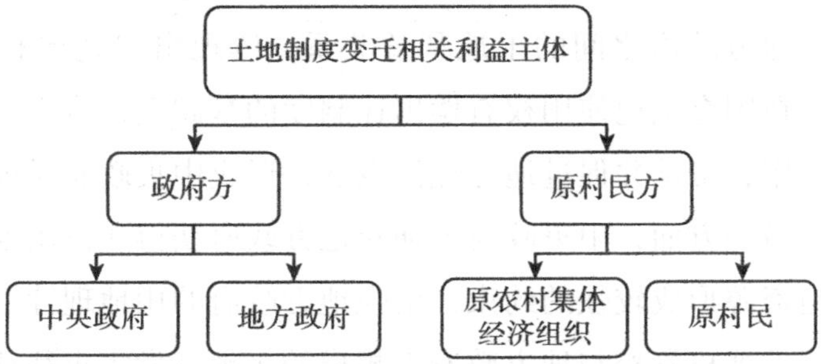

图 6－1　土地制度变迁相关利益主体

组织基于不同的利益诉求而出现的利益冲突，构成了深圳土地制度变迁的推动力，双方博弈的焦点本质上是关于土地增值收益的共享分配问题。

一、政府的利益诉求

深圳政府在推动土地制度变迁过程中起主导推动作用，每一次土地制度的变革都牵涉到土地及相关财产的重大利益调整，是特定制度环境下，深圳政府与中央政府之间以及与原村民及集体经济组织之间的互动博弈和利益平衡的结果。

（一）中央政府的利益诉求

中央政府既是中国土地制度的制定者和维护者，同时又是土地的所有者和管理者，因此肩负多重角色，追求多元化目标下的利益最大化。既要考虑对土地资源的宏观调控，协调经济发展和粮食安全以及生态建设等国家利益，又要引导土地资源合理配置，通过土地制度和政策的调整来激励和约束地方政府的用地行为。由于信息的不对称和政治分权，中央政府不得不依靠地方政府来代理自己进行土地管理，中央政府也要为此支付代理成本，并与地方政府分享部分垄断租金。因此，中央政府与地方政府之间的委托代理关系，对地方政府在土地制度中的角色和职能产生了不可忽视的影响。

20 世纪 90 年代以来，国家通过一系列的土地制度变革，重新调整中央政府与地方政府之间的土地利益关系，体现出“宽严相济”的特点。一方面在国有土地使用权有偿出让制度的基础上，将土地转让收入留给地方使用，带动并促进地方经济发展，形成中央政府对地方政府的制度激励。另一方面，中央政府加强对地方政府获得建设用地指标的调控，对土地资源形成较强的约束，增强地方政府的用地理性。中央政府对土地指标的严格管控与地方政府大规模的土地开发需求往往会产生矛盾冲突。为了克服来自建设用地指标的硬性约束，地方政府往往会通过与中央政府进行博弈和斡旋，寻求一些政策领域的额外利益，尽可能多地控制土地开发权。中央政府在确保政策底线的前提下，会包容并激励地方政府通过制度创新来提升土地制度的整体绩效。

（二）地方政府的利益诉求

我国实行土地的社会主义公有制，《土地管理法》规定，基于公共利益需要，政府可以依法对土地实行征收或者征用并给予补偿。任何单位和个人进行设施建设，必须依法申请使用国家土地。现行土地制度在征地和供地上采用双轨制模式，即征地沿用计划强制方式，供地采取市场出让方式。地方政府通过垄断土地一级市场，在“先国有化、后市场化”的制度设计下，扮演土地经营者的角色，通过低价征收再高价出让的方式，实现“以地生财”，获取大部分的土地增值收益。因此，地方政府有强烈的动机来推进土地的开发建设。

在土地征收、管理、使用过程中，地方政府的行动逻辑和选择行为受到中央政府的政策和制度约束影响。分税制改革后，地方政府“吃饭靠财政、建设靠土地”的格局基本形成。地方政府依靠土地出让收入和土地抵押融资，获得城市土地开发和基础设施建设的资金来源。在城市化进程中，随着土地资本化收益的提高和城市建设资金需求的增加，刺激并诱使地方政府通过规划变更、行政区划调整以及土地国有化等方式，进一步强化对土地资源的控制和利用。

深圳土地制度变迁是在改革开放和中央赋予率先改革的“政策特权”制度环境背景下，由政府先行先试主导推动下的实施的强制性制度变迁。客观上，政府具有追求政治和经济双重目标的行为特征。以征地为例，政府一方面基于公共利益的需要开展土地征收，希望以最小的代价完成土地征收，寻求经济利益最大化，并通过调整土地制度来满足经济社会发展的用地需求。另一方面，又要兼顾到原村民的利益需求，尽可能地在最大的容忍限度内，避免因双方因利益分配不均而产生利益冲突，导致上访等公共事件的发生，维持社会的和谐稳定。因此在制定征地补偿标准时既要遵从国家的法律法规，同时又要结合具体情况个案处理。在征地方式的选择上，政府一般通过协商谈判的方式开展，但在特殊的情形下，也会采取强征等方式来进行，如深圳两次采用了政治化、运动式的方式来推行集体土地国有化。

二、原村民的利益诉求

相对于政府而言，原村民及集体经济组织作为土地的直接利益相关者，虽然处于弱势地位，且话语权较弱，只能被动地接受政府的制度供给。但在是否配合政策方面会做出利益最大化的理性选择，选择何种方式来应对政府的制度供给，关键在于制度变革的潜在收益是否能满足原村民及集体经济组织的利益期望。当制度改革令原村民满意时，就能有效地落实改革调整方案，反之则会因原村民的抗争而使改革方案的执行效果大打折扣。

（一）原农村集体经济组织的利益诉求

原农村集体经济组织具有自主经营权，是为了获得经济效益和利润的经济组织，是原村民利益的代言人。在早期的工业化发展阶段，深圳原农村集体经济组织获得的收入都与土地有关，包括集体土地折价入股参与企业分红，以及通过自建厂房出租来收取物业费用等方式。为规范集体经济发展，20 世纪 90 年代深圳开始推进以明晰集体经济组织产权关系为主线的股份制改革。一方面，原农村集体经济组织转型为股份合作公司，将原农村集体经济组织成员的集体资产收益权制度化，集体成员凭股权参与集体资产收益的分配；另一方面，排除集体行政组织对集体收益的绝对控制，保证集体经济组织拥有相对完整的剩余索取权。

当前政府推进存量土地的再开发利用，本质上是对土地经济利益关系的重新调整。政府进行土地开发，最大的阻力来自视集体收益为私人财产的原村民。他们基于逐利动机联合起来抵制政府的土地开发行为。

当政府的补偿标准达不到原村民的集体预期时，土地开发行为被迫中止。如果政府采取强制执行，则原农村集体经济组织成员便迅速组织起来对抗强征或强拆。

（二）原村民的利益诉求

面对政府颁布的法律和命令，原村民地位较弱势，只能被动地接受制度供给，但是在是否配合政策方面的问题上会基于利益权衡进行理性选择，其选择行为主要取决于制度变革的潜在收益能否实现自身利益最大化。当政府给出的补偿方案远远低于原村民对于土地增值的利益预期时，原村民便会采取主动或被动的方式予以反抗。相对政府而言，在话语权缺失以及自身非理性等因素限制下，原村民在与政府的土地利益的争夺中往往处于相对被动的地位，会尽可能采取多种方式与地方政府进行博弈，比如采取非对抗性的方式，通过抢建、私建建筑物等来获得更多的地面附着物补偿，或者集体上访、媒体曝光等。

通过分别对政府、原村民等相关行动主体的利益诉求展开分析，本研究认为双方基于利益诉求的异质性而导致的土地利益冲突，构成了深圳土地制度变迁的推动力，博弈的焦点在于土地增值收益的利益共享分配问题。因此，深圳土地制度变迁是政府和原村民及集体经济组织在制度环境约束下基于利益权衡通过行为选择参与博弈，并最终达至某种均衡的结果。

第二节　土地制度变迁的主体利益博弈分析

本节通过构建动态博弈模型，重点探讨政府与原村民在土地制度变迁过程中的博弈行为选择。与土地相关的利益冲突主要集中在征地方面，双方博弈的焦点是关于土地增值收益的共享分配。基于研究需要，本书只针对征地过程中与利益关联性最强的地方政府和原村民之间的博弈过程进行研究，而不再单独分析中央政府与地方政府、原村民与原农村集体经济组织相互之间的内部利益分配与博弈过程。

一、博弈模型构建

（一）基本假设

1. 理性经济人

假设参与博弈的主体做出的经济决策都是理性的，原村民追求收入效用最大化，政府追求博弈结果最优化。

2. 有限理性

假设政府与原村民的行为具有有限理性特征，能够根据利益得失以及对方采取的博弈策略，对自身参与博弈的策略进行及时的调整。

3. 政府的行为选择合法合理

假设政府在制定具体的征地补偿标准时，不会刻意去侵犯原村民的利益，而是遵守国家相关法律法规，并尽可能考虑到原村民的利益。

4. 原村民的行为选择具有成本收益分析意识

假设村民选择“拒绝”策略，表明其不满意当前的补偿标准，会通过各种应对措施来争取更高的补偿，以达到自身的期望值。而采取不同措施需要付出不同的成本代价，比如采取正常上访的途径成本较小，采取暴力的途径相对成本较大，愿意付出的成本越大，表明其态度越坚决。

（二）模型构建

在不同经济社会发展阶段，政府与原村民在博弈过程中的行为选择逻辑和策略是不同的。早期政府主导土地征收的全过程，政府与原村民的博弈模式主要是政府强制执行，原村民被动接受。随着市场经济的快速发展，土地的经济价值逐步显现，原村民的权利意识觉醒，与政府博弈的力量也在不断增强。但总体来讲，政府处于优势的一方，而且是土地制度的唯一供给者。本研究在分析土地制度变迁中的政府与原村民的博弈过程时，认为政府是始动者，在政府事先给定的制度框架约束下，由原村民进行行为选择，政府再根据原村民的选择，采取相应的应对措施，政府与原村民的互动博弈是一个动态调整过程。

基于以上前提假设，通过博弈树可对博弈模型进行简要描述（如图 6 - 2 所示）。

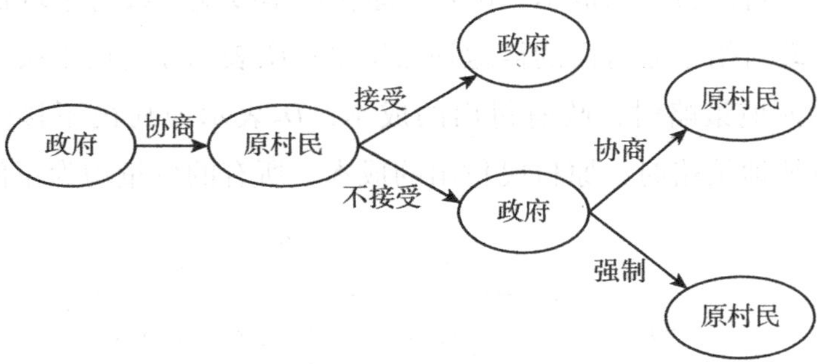

图 6 - 2　政府与原村民选择行为的博弈树分析图

政府作为制度供给者，制定具体的征地补偿标准，其优先策略是通过协商来解决问题，原村民会选择接受或不接受，不接受就意味着原村民会采取多种应对措施表达自己的诉求，争取更多的补偿。在此情形下，如果政府认为无法接受原村民的要求，就会选择拒绝协商，进而采取强制征地策略。如果原村民采取接受策略，或是降低诉求要求来向政府争取再次协商，否则采取措施拒绝到底。如果政府可以接受原村民的要求，给予额外补偿，双方就能够协商成功，或是协商不成功，选择继续强制征地，原村民则继续采取措施争取更多利益。随着博弈环境和力量对比的变化，政府与原村民会在博弈过程中不断调整行动策略，直到双方达到一个博弈均衡点。

在博弈过程中，政府的策略是｛协商征地，强制征地｝，原村民的策略是｛接受，不接受｝。原村民采取不接受策略时，采取措施是需要付出成本的，需要争取的利益越多，采取的措施越激烈，则付出的成本也就越大。政府采取强制征地策略也是需要付出成本的，比如声誉的下降、上级的处罚风险以及更多的征地工作量等。政府与原村民的博弈过程可以用博弈矩阵来表示（如图6－3所示）。

其中，A 表示征地中政府的预期收益；B 表示在既定的征地补偿标准下原村民可以得到的利益补偿；C_1表示原村民接受，政府采取强制征地策略时，政府需要付出的成本；C_2表示原村民不接受，政府继续协商征地时，政府付出的成本；D_1表示原村民不接受，政府采取协商征地策略时，原村民付出的成本；G 表示原村民不接受，政府采取协商征地策略时，政府给予原村民的征地补偿增量；C_3表示原村民不接受，政府采取强制征地策略时，政府付出的成本；D_2表示原村民不接受，政府采取强制征地策略时，原村民付出的成本，所有的变量均为正值。

		原村民	
		接受	不接受
政府	协商征地	A，B	$A-C_2$，$B-D_1+G$
	强制征地	$A-C_1$，B	$A-C_3$，$B-D_2$

图6－3　政府与原村民之间的博弈矩阵

二、利益博弈均衡分析

假设政府选择协商征地策略的比例为 x，选择强制征地策略的比例为（$1-x$），原村民选择接受策略的比例为 y，选择不接受策略的比例为（$1-y$），政府选择协商征地策略的期望收益为u_x，选择强制征地策略的期望收益为u_m，原村民选择接受策略的期望收益为u_y，选择不接受策略的期望收益为u_n。

（一）原村民的演化博弈过程

根据上述假设可知，原村民选择“接受”策略的期望收益为：

$u_y = x \cdot B + (1-x) \cdot B = B$

原村民选择“不接受”策略时的期望收益为：

$u_n = x \cdot (B - D_1 + G) + (1-x) \cdot (B - D_2)$

由此可以得到原村民的平均收益为：

$$\overline{U_y} = y \cdot u_y + (1-y) \cdot u_n$$
$$= y \cdot B + (1-y) \cdot [x \cdot (B - D_1 + G) + (1-x) \cdot (B - D_2)]$$

将原村民“接受”策略类型的动态变化用动态微分方程可表示为：

$$F(y) = \frac{d_y}{d_t} = y \cdot (1-y)[D_2 - (G - D_1 + D_2) \cdot x]$$

$$F'(y) = (1-2y)[D_2 - (G - D_1 + D_2) \cdot x]$$

当 $F(y)=0$ 时，演化博弈过程达到一种稳定状态。若$D_1 > G$，有稳定状态 $y^*=0$、$y^*=1$，此时有$F'(0)>0$、$F'(1)<0$，则 $y^*=1$ 为演化稳定策略，此时原村民会倾向于采取接受策略，因为争取更多补偿采取措施所付出的成本较高，而能够争取到的补偿增量不足以弥补付出的成本，反而使得总收益下降，其复制动态博弈过程描述为图 6-4（左上）的相位图所示。从相位图可以看出，$y=0$ 和 $y=1$ 是两个稳定点，由于初始点有采用“不接受”策略的博弈方，故 $y=0$ 并不稳定，最终会向 $y=1$ 这个稳定点转化。

若$D_1 < G$，如果 $x = x^* = \frac{D_2}{G - D_1 + D_2}$，则有 $F(y)=0$ 恒成立，说明所有的 y 均为稳定状态，表明原村民选择接受或不接受的期望收益相等，没有区别，其复制动态博弈过程描述为图 6-4（右上）的相位图所示。如果 $x \neq x^* = \frac{D_2}{G - D_1 + D_2}$，则有稳定状态 $y^*=0$、$y^*=1$。当 $x < x^*$ 时，有$F'(0)>0$、$F'(1)<0$，则 $y^*=1$ 为演化稳定策略，表明政府选择协商征地的概率较小，态度较为强硬，原村民争取更多利益补偿的成功性较低，会更倾向于采取接受策略，其复制动态博弈过程描述为图 6-4（左下）的相位图所示。反之，当 $x > x^*$ 时，$y^*=0$ 为演化稳定策略，表明政府可以协商的空间较大，可能会更多地满足原村民的补偿要求，这种状况可能会促使原村民倾向于不接受策略，试图能够争取更多的补偿，其复制动态博弈过程描述为图 6－4（右下）的相位图所示。

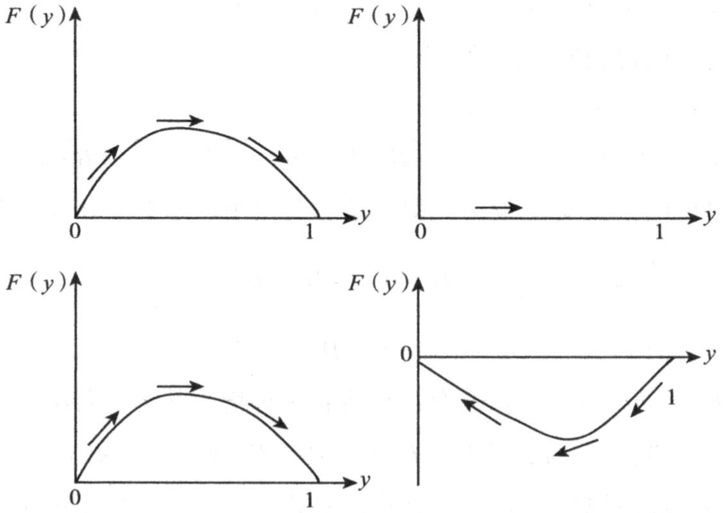

图 6－4　原村民的复制动态相位图

（二）政府的演化博弈过程

根据上述假设可知，政府选择“协商征地”策略的期望收益为：

$$u_x = y \cdot A + (1-y) \cdot (A - C_2) = A - C_2 \cdot (1-y)$$

政府选择“强制征地”策略时的期望收益为：

$$u_m = y \cdot (A - C_1) + (1-y) \cdot (A - C_3) = A - C_3 - y(C_1 - C_3)$$

由此可以得到政府的平均收益为：

$$\overline{U_x} = x \cdot u_x + (1-x) \cdot u_m$$
$$= x \cdot [A - C_2 \cdot (1-y)] + (1-x) \cdot [A - C_3 - y(C_1 - C_3)]$$

将政府“协商征地”策略类型的动态变化用动态微分方程可表示为：

$$F(x) = \frac{d_x}{d_t} = x \cdot (1-x) \cdot [(C_3 - C_2) - x(C_3 - C_2 - C_1)]$$

$$F'(x) = (1-2x) \cdot [(C_3 - C_2) - x(C_3 - C_2 - C_1)]$$

当 $F(x) = 0$ 时，演化博弈过程达到一种稳定状态。

若$C_3>C_2$，有稳定状态$x^*=0$、$x^*=1$，此时有$F'(0)>0$、$F'(1)<0$，则$x^*=1$为演化稳定策略，此时政府会更倾向于选择协商征地，因为协商征地需要付出的成本较低，其复制动态博弈过程描述为图6-5（左上）的相位图所示。从相位图可以看出，政府选择策略时主要考虑如何权衡成本与收益。

若$C_3<C_2$，如果$y=y^*=\dfrac{C_2-C_3}{C_1+C_2-C_3}$，则有$F(x)=0$恒成立，说明所有的$x$均为稳定状态，此时原村民选择接受或不接受的期望收益相等，没有区别，其复制动态博弈过程描述为图6-5（右上）的相位图所示。如果$y\neq y^*=\dfrac{C_2-C_3}{C_1+C_2-C_3}$，则有稳定状态$x^*=0$、$x^*=1$。当$y<y^*$时，有$F'(0)<0$、$F'(1)>0$，则$x^*=0$为演化稳定策略，表明原村民选择接受的概率较小，政府会逐渐倾向于选择强制征地策略，其复制动态博弈过程描述为图6-5（左下）的相位图所示。

反之，当$y>y^*$时，$x^*=1$为演化稳定策略，此时政府会更倾向于选择协商征地，其复制动态博弈过程描述为图6-5（右下）的相位图所示。

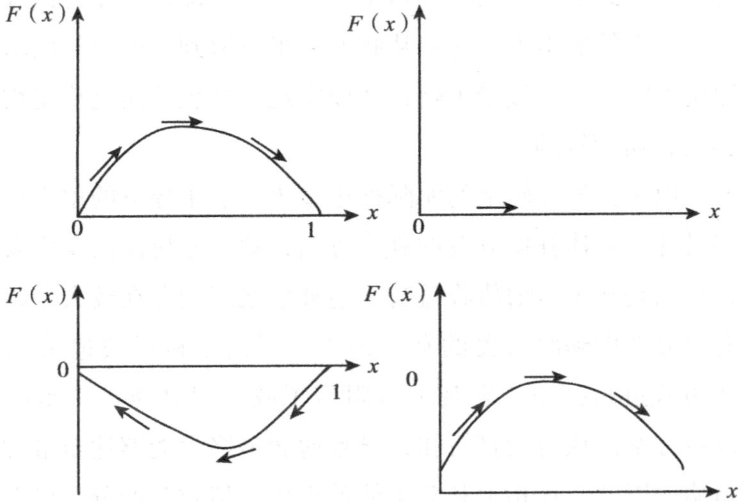

图6-5　政府的复制动态相位图

（三）博弈均衡结果

综合上述分析可知，原村民与政府的博弈存在（0,0）、（0,1）、（1,0）、（1,1）和$\left(\frac{D_2}{G-D_1+D_2}, \frac{C_2-C_3}{C_1+C_2-C_3}\right)$5 个局部均衡点。当$D_1<G$，$C_3>C_2$时，表明原村民选择不接受策略时，能够得到的补偿增量大于成本，政府采取协商策略成本相对较小，在原村民与政府之间会形成{不接受，协商征地}的组合策略。当$D_1>G$时，表示相对于政府能够给予原村民补偿的增加值而言，原村民为争取更多利益需要付出的成本更大，因此原村民选择接受策略的可能性更大，最终达到演化稳定策略{接受，协商征地}，这是最理想的演化稳定均衡策略。

通过对博弈过程分析可知，在给定的征地补偿标准下，原村民可得到的利益补偿为B，政府可得到的预期收益为A，原村民采取接受策略而政府采取强制征地的策略付出的成本为C_1，原村民采取不接受策略而政府采取强制策略时，原村民付出的成本为D_2。上述变量并不决定博弈最终的演化稳定策略，但会影响到整个博弈过程中对策略的选择。对最终可能的演化稳定策略产生影响的变量为D_1、G、C_3、C_2且只有当$D_1>G$时才能达到最理想的演化稳定组合策略。即，当原村民选择不接受策略时，付出的成本大于能够从政府那里争取到的征地补偿增量，才能改变原定策略，选择接受策略，从而实现最理想的演化稳定均衡策略组合{接受，协商征地}。

然而，由于征地和转地的实际推进多为政府主导下的单方行为，在制度顶层设计和具体补偿方案的制定方面，缺少原村民的意愿表达和参与程序，特别是在土地增值收益与土地补偿之间的存在较大差距的情况下，没有充分考虑到原村民的利益诉求。因而原村民被迫采取“种房保地”等方式进行抗争，客观上也阻碍了政府对其所占土地的有效利用，使改革方案的执行大打折扣，导致博弈最终没能够达至最理想的稳定均衡策略。因此，在相关利益主体就土地增值收益的分配没有达成共识的情况下，虽然各利益主体都基于成本计算理性地选择了对自己最优的策略，但从集体决策的角度来看也许并不是最优决策，最终导致双方陷入利益博弈的僵持局面。

第三节　不同制度安排下原村民的选择行为分析

本节在前文对政府与原村民围绕土地利益的选择行为和互动博弈过程分析的基础上，结合深圳实施“统征”“统转”过程中的经验事实，分析在政府给定的不同政策安排下，原村民的选择行为变化对土地制度绩效的影响。

一、“统征”过程中原村民的选择行为

改革开放初期，我国涉及土地利用的观念、法律和行政架构仍停留在计划经济时代，传统的征地方式满足不了特区经济发展需求。1992年，深圳出台《关于深圳经济特区农村城市化的暂行规定》，对特区集体所有的尚未被征用的土地实行一次性征收，既是为解决快速城市化对集体土地的需求，也是为加强对原集体建设用地的控制与管理。在城乡二元土地制度下，集体土地国有化涉及土地资源利益的重大调整，集体土地的国有化很容易引发利益相关方对土地资源竞争的利益冲突。

从“统征”给予原村民的政策来看，具体补偿标准按照《关于深圳经济特区征地工作的若干规定》制定的补偿办法执行。首先，以整村为单位进行一次性征地，同时给原村民预留一定的发展用地。根据被征用土地的村庄大小、征地数量，以及被征地单位的拟投资规模，再结合城市规划要求，优先划拨一块土地，免地价，供被征地单位用来兴建经营性的商业或服务楼宇，以此发展生产。其次，划拨用地单位的土地

仍由政府统一征用，并一次性转为国有，市国土局与其签订土地使用合同，进一步确定土地用途、使用年期。最后，对即将开发的土地补偿费采取一次付清的方式，暂时未进行开发的土地，仍按原经营项目使用，政府先付征地补偿费的30%，剩下的余款和适当的利息，待土地开发时一次性付清。

总体来看，在推进特区内集体土地国有化“统征”的过程中，政府采取征地补偿金和返还地双补偿制度，最大限度地从现金、土地返还和社区经济发展等多方面保障了原村民及集体经济组织的权益，对于涉及原村民重大利益已经形成的违法建筑整体上采取较为宽松的处理原则，使得“统征”推进较为顺利。一方面达到了政府推动制度变革的目标，政府以较低的代价征用集体土地，适应了城市建设快速发展对土地的需求。另一方面，在当时的经济环境下，土地的级差地租还未明显上升，补偿、留地政策相对到位，原村民对集体土地利益分配机制比较认可，对政策的接受力度较大，原村民与政府之间的利益冲突并不严重，因此“统征”总体的执行效果较好。然后1992年至1993年间，在全国房地产热的带动下，深圳仍然出现了大量的违法建筑和违法用地现象。

二、“统转”过程中原村民的选择行为

2003年深圳市出台《关于加快宝安、龙岗两区城市化进程的意见》，推动宝安、龙岗两区城市化转地。2004年出台《深圳市宝安龙岗两区城市化土地管理办法》和《深圳市宝安龙岗两区城市化集体土地转为国有土地适度补偿标准》，对转地中涉及的补偿范围、补偿标准、非农建设用地指标等做出了具体规定。

从“统转”给予原村民的政策来看，在具体的政策设计方面，转地补偿费仅包括土地补偿费、青苗补偿费、地上附着物补偿费，而不包括安置补助费。首先，土地补偿的范围和标准方面，政府仅对纯农业用

地（234 平方公里）给予了适当补偿。经批准尚未使用的建设用地，未曾承包到户的农场山林地和坡度大于 25 度不作为建设用地的园地（总计 360 平方公里），以“默认国有”原则被转为国家所有。鱼塘则只补偿 2800 元/亩开发费及搬迁费，其补偿标准低于 2002 年。已建成区（300 多平方公里）则作为历史遗留问题视为征地处理。其次，返还发展用地方面，广东全省征地政策按 10% 比例返还发展用地，深圳的“转地”最高仅返还 5%，且从已建成区扣还，大部分村集体实际返还土地为零。再次，非农建设用地方面，继受单位和个人的非农建设用地标准仍沿用 1993 年的规定。最后，青苗补偿费方面，2004 年的转地的补偿标准普遍低于 1992 年的征地标准。

总体来看，此次转地补偿的补偿标准与原村民心理预期相差较大。一方面“统转”属于政府主导下的单方行为，在转地的顶层制度设计及方案制定过程中，缺少原村民的意愿表达和参与，低估了原村民利益诉求的负面效应。另一方面，政策的制定明显滞后于经济社会的发展形势。在快速城市化已造成土地级差地租飞涨的情况下，土地收益的增加额越大，原村民预期获得的补偿额就会越高，一旦无法满足，则不愿意合作的意愿就越强烈。因此，此次转地并未得到原村民的普遍认可，原村民虽然处于被动接受的地位，缺乏选择的能力与力量，尤其是话语权，但原村民理性地采取“种房保地”等方式进行抗争，增加政府的用地成本和代价，导致大量的土地历史遗留问题。据不完全统计，截至 2016 年底，全市违法建筑约 37 万栋，建筑面积达到 4.2 亿平方米，占全市总建筑面积的比重达 43%，其中 2009 年 6 月以前的违法建筑占到 90% 以上，且大部分违法建筑位于原特区外。

从对两次集体土地国有化实施的过程分析来看，虽然在制度变迁的不同阶段，有关土地的制度安排均为政府主导下的制度供给，但随着经济社会发展和制度环境约束条件的变化，原村民的选择空间和权利意识展现出不同的特征，基于利益诉求的变化调整行为选择，并对土地制度绩效产生明显的影响。当土地产权不稳定和容易受到损害时，人们往往会选择对抗而且交易的方式来解决对稀缺资源的需求冲突。由此，进一步可以得到启示，尽管深圳已经出台了一系列政策措施来加快推进城市更新和土地整备等存量用地的再开发利用，但无论是以市场化为主导的城市更新，还是以政府统筹为主导的土地整备，整体实施进展均较为缓慢。内在原因在于，相关利益主体就土地增值收益分配难以达成共识，没有找到一个相对公平合理的利益分配平衡点。因此，虽然相关主体理性地选择了对自己有利的博弈策略，但并非集体决策的优化选择，由此也致使双方最终陷入博弈困境。

第四节　本章小结

政府和原村民构成深圳土地制度变迁的主要行动主体及利益相关方，其选择行为深刻影响着土地制度演变进程和利益博弈的结果。本章通过构建博弈模型来深入分析政府与原村民及集体经济组织围绕土地利益的行为选择和互动博弈过程，从利益冲突的视角来厘清当前土地问题的历史成因和内在逻辑。

首先，分别对政府、原村民等相关行动主体的利益诉求展开研究，认为双方基于不同的利益诉求而导致的利益冲突，构成了土地制度变迁的推动力。本质上政府与原村民博弈的焦点问题是土地增值收益的共享分配问题。

其次，通过构建博弈模型，对政府与原村民的动态演化博弈过程进行了推理分析。进而得出结论，相对于政府能够给予原村民补偿的增量而言，原村民为争取更多利益需要付出的成本更大，则原村民选择接受策略的可能性更大，最终达到演化稳定策略，即原村民选择接受策略，政府选择协商征地，这是最理想的演化稳定均衡策略。然而，由于征地和转地的实际推进过程中，政府与原村民的土地利益冲突并未得到妥善解决，因而博弈最终没能达至最理想的稳定均衡状态。

最后，通过对两次集体土地国有化的过程中原村民的选择行为分析可知，虽然在深圳土地制度变迁的不同阶段，土地制度的安排都是政府作为制度供给者主导推进的，但随着不同时期经济社会条件和制度环境约束的变化，原村民的选择空间和权利意识都表现出不同的特点，对土地制度的实施绩效产生了明显的影响。此外，在相关利益主体就增值收益的分配没有达成共识的情况下，虽然各方都理性地选择了对自己有利的策略参与利益博弈，但从集体决策的角度来看，这种非合作博弈却并非最优决策，最终可能会陷入无效率的均衡状态。因此，破解当前存量土地利用难的现实困境，关键在于构建公平合理的利益共享分配机制。

第七章

深圳土地制度变迁的绩效评价分析

本章主要从深圳土地的利用结构、利用效率和利用效益三个方面来对土地制度变迁的绩效水平进行总体评价分析。在评价的指标体系中，土地利用结构主要通过各类用地的利用现状及时空变化两方面的指标数据来进行分析。土地利用效率主要通过土地利用强度、地均产出水平和土地利用方式三方面的指标数据来展开分析。土地利用效益主要通过经济效益、社会效益和生态效益三方面的数据指标来进行分析。在分析相关指标数据的基础上，为现存土地问题的解决指明方向。

第一节 土地利用结构分析

土地利用结构是自然客观条件和人类经济社会活动综合作用的结果，反映土地要素在产业结构之间的分配比例，为产业发展提供基本的空间支持。土地要素对经济增长的贡献，主要来源于土地利用结构变化产生的推动力。土地利用结构主要体现在两方面：（1）土地利用现状，如各类用地的面积、占比及区域分布等相关指标；（2）土地利用结构的时空变化，如各类用地的结构变化等相关指标。

一、土地利用现状

如表7－1所示，截至2018年底，深圳市主要地类数据中，耕地占3618公顷（5.43万亩），园地占20190公顷（30.29万亩），林地占57393公顷（86.09万亩），草地占2247公顷（3.37万亩），城镇村及工矿用地占86182公顷（129.27万亩），交通运输用地占10462公顷（15.69万亩），水域及水利设施用地占15192公顷（22.79万亩）。

按深圳市域面积约199700公顷（1997平方公里）计算，2018年全市的建设用地面积达到100595公顷，比2017年增加912公顷，其中城镇村及工矿用地占深圳总面积的44%，占据大量的空间资源（如图7－1所示）。

表 7－1　　2018 年深圳市土地变更调查地类汇总一览表

单位：公顷（万亩）

地区	耕地	园地	林地	草地	城镇村及工矿用地	交通运输用地	水域及水利设施用地
深圳市	3618	20190	57393	2247	86182	10462	15192
	(5.43)	(30.29)	(86.09)	(3.37)	(129.27)	(15.69)	(22.79)
福田区	8	160	1554	3	4948	387	787
	(0.01)	(0.24)	(2.33)	(0.01)	(7.42)	(0.58)	(1.18)
罗湖区	21	333	3397	30	3058	421	575
	(0.03)	(0.50)	(5.10)	(0.04)	(4.59)	(0.63)	(0.86)
南山区	83	2952	2497	24	9896	1256	1831
	(0.13)	(4.43)	(3.74)	(0.03)	(14.84)	(1.88)	(2.75)
盐田区	8	106	4420	11	1749	812	299
	(0.01)	(0.16)	(6.63)	(0.02)	(2.62)	(1.22)	(0.45)
宝安区	721	3090	5725	599	20097	2912	5709
	(1.08)	(4.64)	(8.59)	(0.90)	(30.15)	(4.37)	(8.56)
龙岗区	535	3412	9788	301	20173	2090	1710
	(0.80)	(5.12)	(14.68)	(0.45)	(30.26)	(3.14)	(2.56)
龙华区	204	1142	3175	419	10457	882	716
	(0.31)	(1.71)	(4.76)	(0.63)	(15.68)	(1.32)	(1.08)
坪山区	509	1671	5963	398	6170	450	977
	(0.76)	(2.51)	(8.94)	(0.60)	(9.26)	(0.67)	(1.47)
光明区	1210	2968	2084	237	6481	805	1016
	(1.82)	(4.45)	(3.13)	(0.35)	(9.72)	(1.21)	(1.52)
大鹏新区	319	4356	18790	225	3153	447	1572
	(0.48)	(6.53)	(28.19)	(0.34)	(4.73)	(0.67)	(2.36)

注：数据来源于深圳市规划与自然资源局官网，见深圳市 2018 年度土地变更调查主要数据成果的公报，此表统计数中“园地”包括了林业部门统计为经济林，如山上种植龙眼、荔枝、橡胶、茶树等农作物的范围；“林地”不包括林业部门统计的经济林和县级以上人民政府规划的“宜林地”。

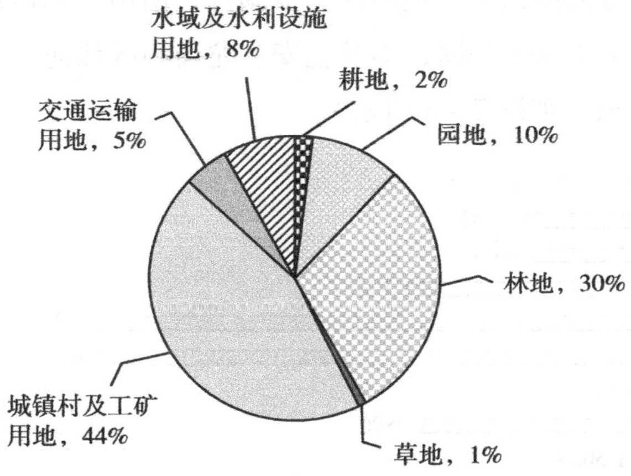

图7－1　2018年深圳市各类用地结构占比示意图

数据来源：深圳市规划与自然资源局官网的历年土地变更调查数据。

原特区内的福田、罗湖、南山和盐田四区耕地面积为120公顷，占全市耕地总量的3.32%，原特区外的光明、宝安、坪山、龙岗、大鹏和龙华六区耕地面积为3498公顷，占全市耕地总量的96.68%，耕地的区域分布较不平衡（如图7－2所示）。

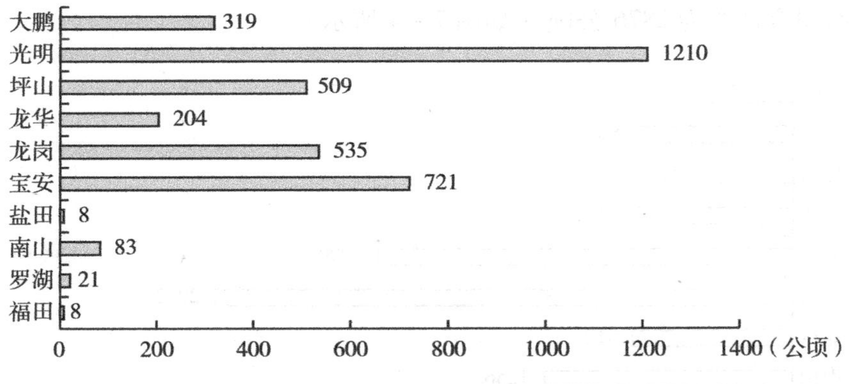

图7－2　2018年深圳市各区耕地分布示意图

数据来源：深圳市规划与自然资源局官网公布的历年土地变更调查数据。

从区域分布来看，2018年全市城镇村及工矿用地面积为86182公顷，比2017年增加775公顷，其中，宝安、龙岗两区的城镇村及工矿用地均达到2万公顷以上，福田区、罗湖区、南山区和盐田区城镇村及工矿用地合计为19651公顷，不及宝安、龙岗两区任何一个区的城镇村及工矿用地面积（如图7－3所示）。

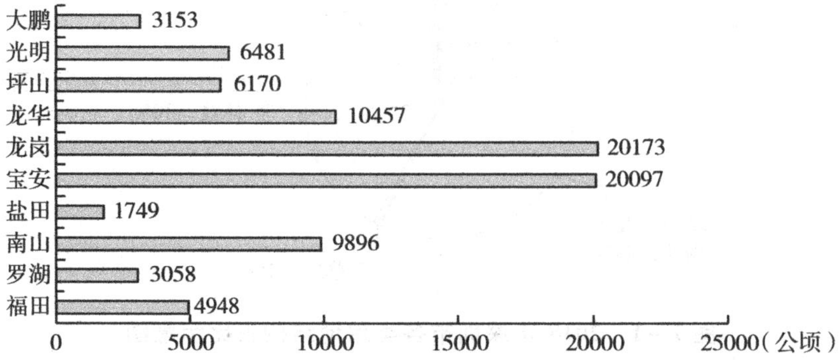

图7－3　2018年深圳市各区城镇村及工矿用地分布示意图

数据来源：深圳市规划与自然资源局官网公布的历年土地变更调查数据。

2018年全市交通运输用地面积为10462公顷，比2017年增加103公顷。从区域分布来看，宝安、龙岗两区的交通运输用地最大分别为2912公顷、2090公顷，福田区、罗湖区、南山区和盐田区交通运输用地面积合计约为2876公顷（如图7－4所示）。

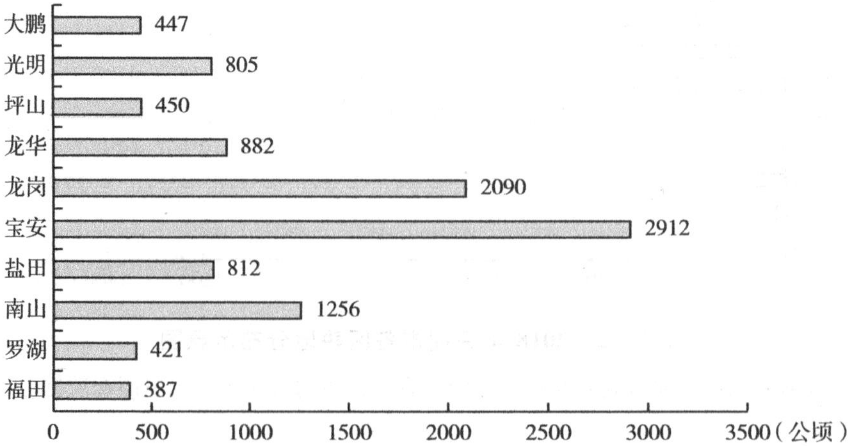

图7－4　2018年深圳市各区交通运输用地分布示意图

数据来源：深圳市规划与自然资源局官网的历年土地变更调查数据。

二、土地利用结构的时空变化

深圳市建设用地过去 10 年间，仍保持稳定增长势头，2018 年较 2009 年增长了 11908 公顷。其中，城镇村及工矿用地不断持续增长，从 2009 年的 76363 公顷增加至 2018 年的 86182 公顷，增长了 9819 公顷；耕地面积比较稳定，基本保持在 3000 公顷到 4000 公顷范围；园地面积略有下降，2018 年较 2009 年下降 3460 公顷；林地面积相对稳定，保持在 58000 公顷左右；草地面积 2018 年较 2009 年下降 1036 公顷；水域及水利设施用地面积也保持稳定（如表 7－2 和图 7－5 所示）。

表 7－2　2009—2018 年深圳市土地利用结构变化一览表　单位：公顷

类型	2009 年	2010 年	2011 年	2012 年	2013 年	2014 年	2015 年	2016 年	2017 年	2018 年
耕地	3160	3057	3022	3019	4096	4045	3977	3837	3715	3618
园地	23650	23182	22730	22498	21064	20889	20756	20544	20350	20190
林地	58578	57974	57987	58228	58215	57890	57787	57873	57617	57393
草地	3283	3105	2975	2858	2648	2553	2500	2378	2310	2247
城镇村及工矿用地	76363	78342	79579	80425	82046	83046	83682	84543	85407	86182
交通运输用地	8831	9321	9578	10031	9961	9987	10029	10161	10359	10462
水域及水利设施用地	16732	16372	16616	16119	15819	15796	15742	15472	15302	15192

数据来源：深圳市规划与自然资源局官网的历年土地变更调查数据。

如图 7－6 所示，从各区城镇村及工矿用地面积来看，2009 年至 2018 年，除光明区以外，其他 9 个区的城镇村及工矿用地面积均有不同程度的增长。按增长面积大小排列来看，截至 2018 年底，龙华区城镇村及

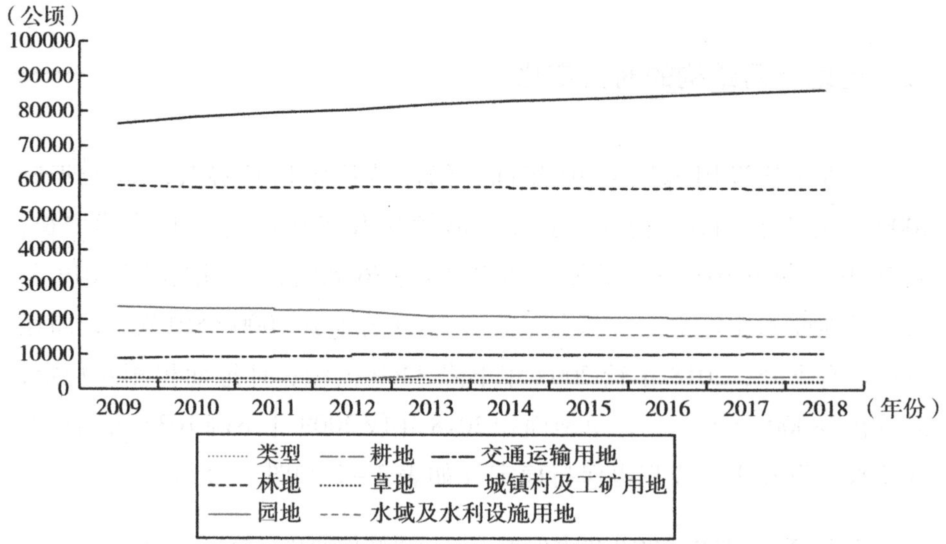

图 7－5　2009—2018 年深圳市土地利用结构变化示意图

数据来源：深圳市规划与自然资源局官网的历年土地变更调查数据。

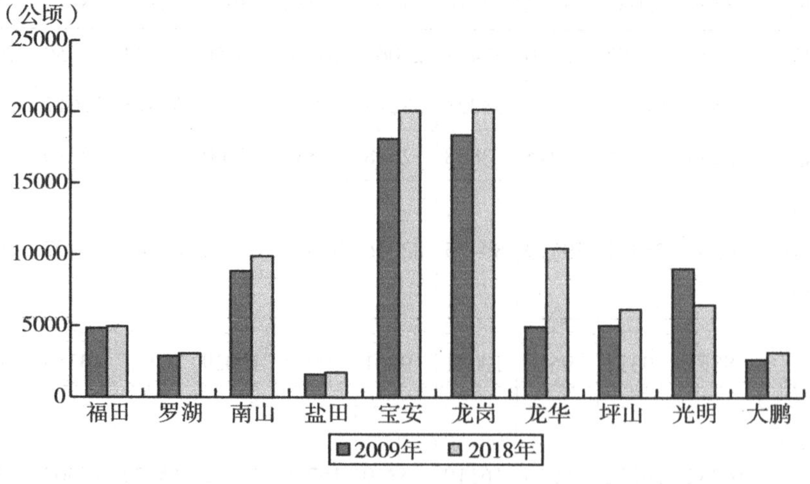

图 7－6　2009—2018 年深圳市各区城镇村及工矿用地变化示意图

数据来源：深圳市规划与自然资源局官网的历年土地变更调查数据。

工矿用地面积增长最多，达 5511 公顷，第二梯队是宝安区、龙岗区、坪山区和南山区，分别增长 1978 公顷、1784 公顷、1138 公顷和 1039 公顷，第三梯队是大鹏新区、福田区、罗湖区、盐田区，分别增长 497

公顷、114公顷、169公顷、146公顷，仅光明区的城镇村及工矿用地面积减少2557公顷。此外，从各区城镇村及工矿用地面积占比来看，福田区（63.04%）、龙华区（61.51%）、南山区（53.38%）、龙岗区（53.08%）以及宝安区（51.72%）均超过土地面积一半以上，为工业化的快速发展提供了空间支持。

从土地利用结构的总体情况来看，深圳各类型土地中耕地占比最低，城镇村及工矿用地占比最高，2018年占到城市总面积的44%。耕地、城镇村及工矿用地以及交通运输用地基本集中在原特区外几个区，区域分布呈不平衡状态。从土地利用结构与经济发展阶段、产业结构之间的内在联系来看，为满足不同经济发展阶段对土地的要素禀赋需求，土地利用结构不断发生变化，与产业结构的升级调整相匹配从而有效地促进了深圳经济的迅速增长。从时空变化趋势来看，深圳由改革开放前的一个以农业经济为主的边陲小镇，发展为全国性经济中心城市和国际化城市，从早期以农业用地为主，逐步向目前的工业、服务业用地转移，土地利用结构发生显著变化，为第二、三产业的发展提供了空间支持。目前，深圳市建设用地仍保持着稳定增长趋势，反映出政府继续侧重工业、服务业以及战略性新兴产业的发展导向。

第二节 土地利用效率分析

土地利用效率在资源科学领域主要是指土地“物尽其用”的程度。土地利用效率主要体现在三方面：（1）土地利用强度，如人口密度、土地承载力、建成区面积占比、建设用地供应量等相关指标；（2）地均产出水平，如经济密度、建设用地单位产出水平及区域表现、工业用地产出效益等相关指标；（3）土地利用方式，如建筑容积率、土地供应规模及数量、土地供应结构、土地供应区域等相关指标。

一、土地利用强度

（一）开发强度高，建设用地极为短缺

与国内其他一线城市相比，深圳建成区面积仅为1005平方公里，远小于北京的1485平方公里、上海的1426平方公里、广州的1294平方公里，但建成区占市区面积比例高达50.32%，远高于北京的9.05%、上海的22.49%、广州的17.41%，表明深圳的土地利用强度较高，未来可供开发利用的土地资源较少（如表7－3所示）。而伦敦、巴黎、东京等国际大都市的建成区规模占市区总面积的比重，一般处于20%—30%的水平，且建设用地面积基本趋于稳定。可见，深圳市土地开发强度已远远超出国内一线城市及国际大都市平均水平，土地已成为制约深圳当前和未来发展最稀缺的要素资源。

表7－3　　2018年北上广深建成区面积及占比一览表

城市	市区面积（平方公里）	建成区面积（平方公里）	建成区面积/市区面积（%）
北京	16410	1485	9.05
上海	6341	1426	22.49
广州	7434	1294	17.41
深圳	1997	1005	50.32

数据来源：2018年深圳、北京、上海、广州公布的统计年鉴。

（二）建设用地供应逐渐依赖存量用地供应

从土地利用情况来看，深圳城市建设用地规模急剧扩大，从1979年的3平方公里增长至2003年的531平方公里，2009年的886平方公里，再增长至2018年的1005平方公里，增长300多倍。城市建设用地占市区面积比重逐年增长，2003年达到26.98%，2009年达到40.01%，2018年已超过50%，可用建设用地已近耗尽（如图7－7所示）。

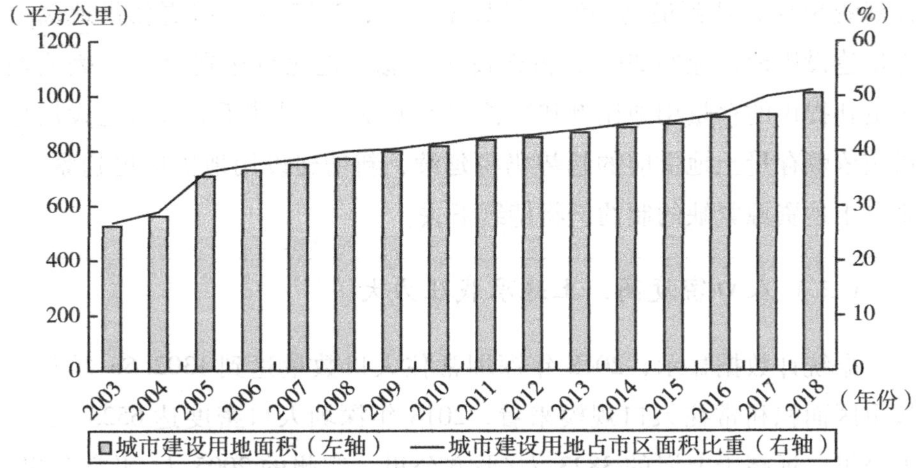

图7－7　2003—2018年深圳市建设用地面积及占市区面积比重图

数据来源：根据WIND相关数据整理计算得到。

近年来，深圳城市建设用地供应紧张，主要依赖存量用地供应（如图7－8所示）。2012年存量建设用地供应规模达到918公顷，首次超过新增建设用地800公顷的规模。此后，建设用地的供地来源逐步转变成以“盘活存量”为主。2016年存量建设用地供地占比达到总供应

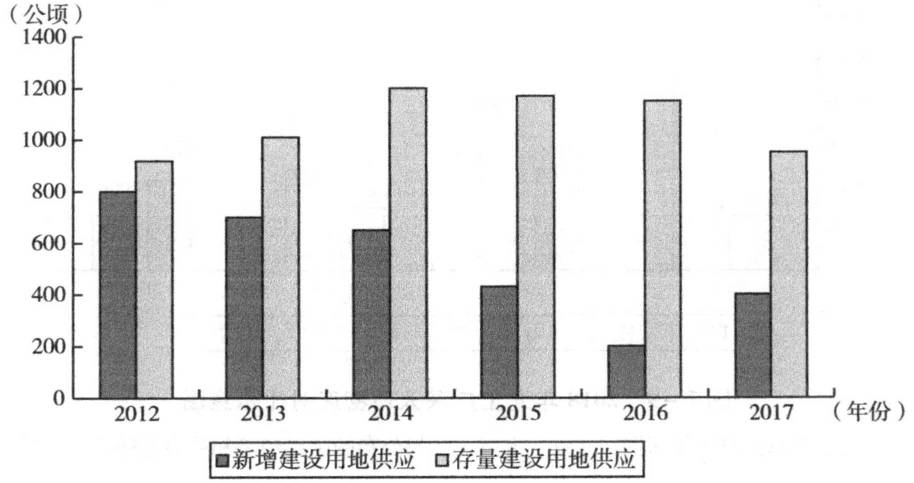

图7－8　2012—2017年深圳市建设用地供应情况示意图

数据来源：根据公开资料整理得到。

计划的 85%，达到最高峰值。但数据显示，2017 年城市更新供地仅占存量建设用地供地的 29%，占建设用地总供地比重达到 19%，表明城市更新提供的存量用地比例和增长较为缓慢。总体来看，深圳建设用地供应依赖存量土地供应的趋势仍将延续，新增建设用地供应更趋紧张，来自土地资源紧缺的制约仍将持续下去。

（三）人口密度高，土地承载压力大

据统计数据显示，2018 年深圳常住人口数量达到 1302.66 万人①。按市区面积和常住人口规模来看，2018 年深圳人口密度达 6523 人/平方公里，远高于上海的 3823 人/平方公里、广州的 2005 人/平方公里、北京的 1313 人/平方公里，是全国人口密度最高的城市，土地承载压力大（如图 7 -9 所示）。如按照实际服务人口核算，深圳人口密度已超过 1 万人/平方公里，其中福田区人口密度达到 2.6 万人/平方公里，接近曼哈顿地区 2.8 万人/平方公里。目前，深圳仍属于国内人口净流入的主要城市之一。截至 2019 年末，深圳常住人口数量达到 1343.88 万人②，在

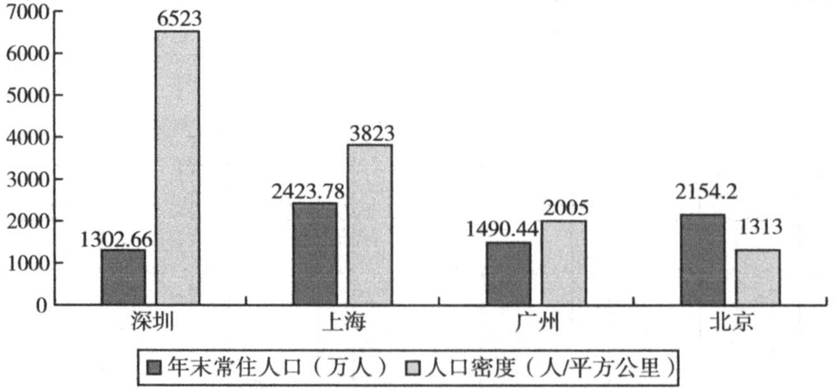

图 7 -9　2018 年北上广深人口密度对比示意图

数据来源：2018 年深圳、北京、上海、广州公布的国民经济和社会发展统计公报。

① 数据来源：《深圳市 2018 年国民经济和社会发展统计公报》。

② 数据来源：《深圳市统计年鉴 2020》。

市域面积基本稳定的前提下，人口密度过大，会给城市资源消耗、生产、生活、交通、医疗、教育等方面带来较大压力，引起资源配置紧张，给社会的稳定发展带来冲击。

二、地均产出水平

（一）经济密度水平较高

深圳的经济密度一直保持全国前列水平。2018 年深圳的经济密度为 12.13 亿元，即每一平方公里的土地创造出 12.13 亿元的 GDP。该项数据远高于上海的 5.15 亿元、广州的 3.07 亿元、北京的 1.85 亿元。从历年的发展情况看，深圳经济密度从 2000 年的 1 亿元快速增至 2004 年的 2.1 亿元，在 2012 年超过 6.5 亿元，至 2017 年突破 10 亿元，上涨速度远快于其他一线城市（如图 7－10 所示）。

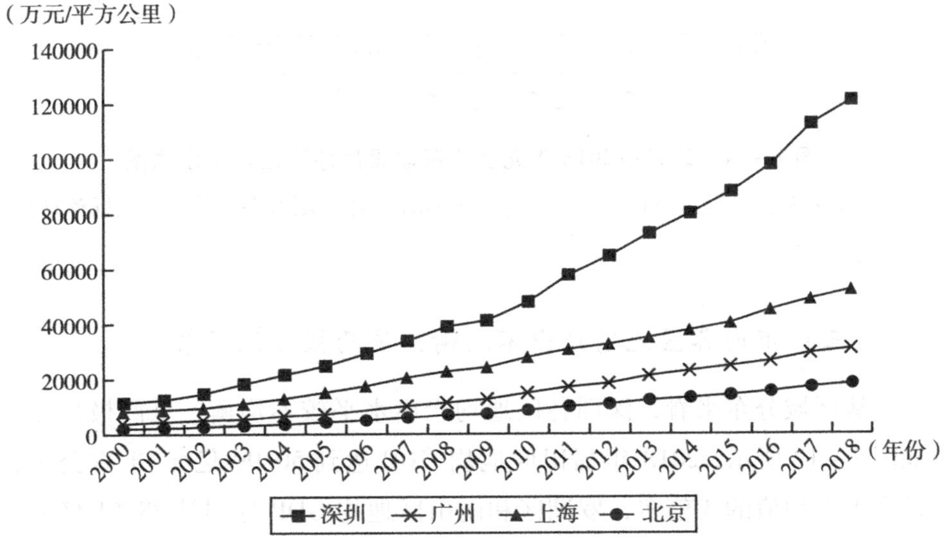

图 7－10　2000—2018 年北上广深经济密度变化示意图

数据来源：根据 WIND 相关数据整理计算得到。

（二）建设用地单位产出水平有待提升

按建设用地面积来计算，2018 年深圳地均 GDP 产出为 24.8 亿元/平方公里，低于广州的 30.8 亿元/平方公里，与北京的 20.6 亿元/平方公里、上海的 17.2 亿元/平方公里相差无几（如图 7－11 所示）。由此可见，相对于其他一线城市，深圳建设用地的实际产出水平并不高，有待进一步提升。

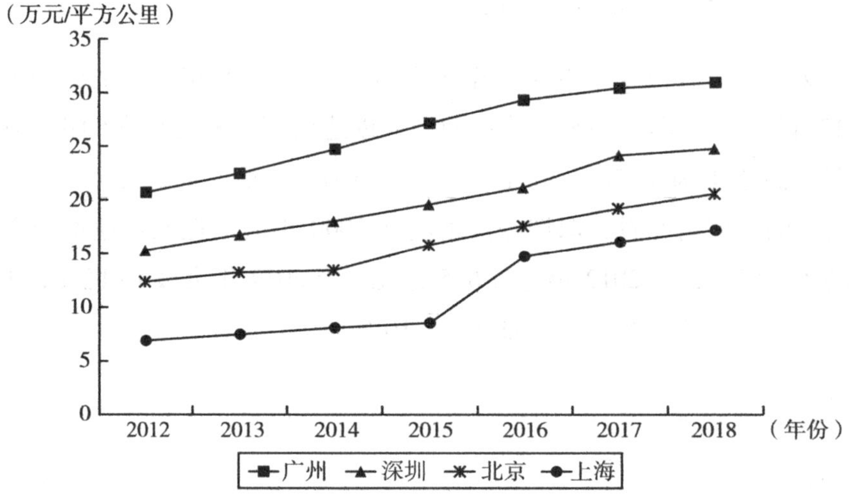

图 7－11　2012—2018 年北上广深建设用地产出水平示意图

数据来源：根据 WIND 北上广深各城市 GDP、建设用地面积等相关数据整理计算得到。

（三）市内各区地均产出不均衡，呈两极分化现象

从区域分布来看，深圳各区地均产出水平较不均衡，呈两极分化。如图 7－12 所示，2018 年福田区地均 GDP 达到 50.99 亿元/平方公里，是全市平均值的 4 倍多，罗湖区和南山区地均 GDP 分别是 28.61 亿元/平方公里和 27.05 亿元/平方公里。此外，龙华区（13.68 亿元/平方公里）、龙岗区（11.94 亿元/平方公里）、宝安区（9.07 亿元/平方公里）和盐田区（8.24 亿元/平方公里），地均产出都在 8 亿元以上。总体来看，深圳各区地均产出较不均衡。

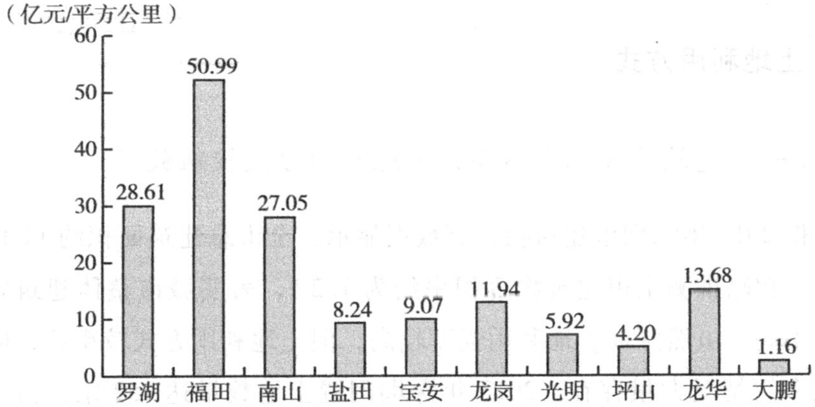

图 7－12　2018 年深圳市各区地均产出值示意图

数据来源：根据 WIND 深圳市各区 GDP、辖区面积相关数据整理计算得到。

统计数据显示，深圳市内各区工业用地效益空间差异较明显。如图 7－13 所示，2018 年南山区工业用地经济效益（即每平方米的工业用地上规模以上工业增加值）达 1.26 万元/平方米，福田区为 0.81 万元/平方米，较光明区和坪山两区的 0.17 万元/平方米、0.19 万元/平方米高出十余倍。

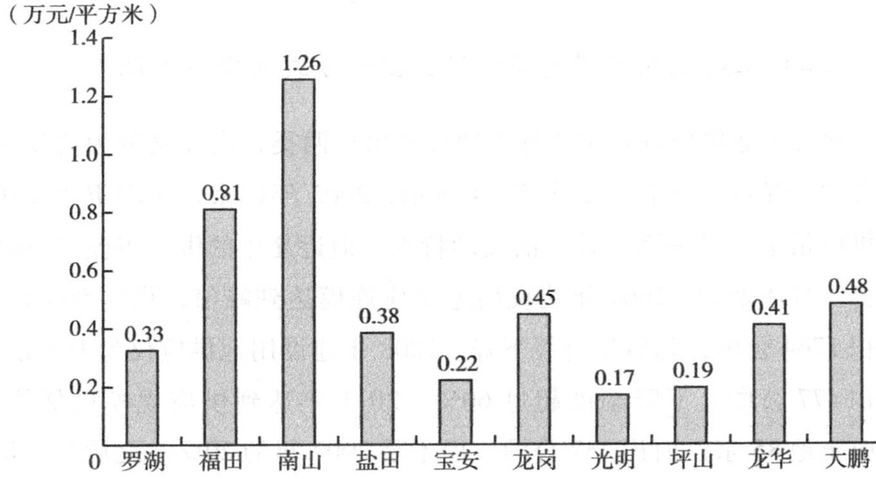

图 7－13　2018 年深圳市各区工业用地产出效益示意图

数据来源：根据 WIND 相关数据整理得到，其中工业增加值为各区规模以上工业增加值，工业面积为 2016 年深圳全市建筑物普查数据的数据。

三、土地利用方式

（一）建筑物容积率不高，土地利用方式较粗放

据2017年深圳市建筑物普查数据显示，全市总建筑面积约11亿平方米，粗略推测全市建筑物容积率约为1.2①，表明城市整体建筑容积率并不高。虽然深圳土地利用强度较高，但土地利用方式较粗放，闲置土地多等情况大量存在。2013年深圳闲置土地数量达152宗，占广东省总量45%。据深圳市规划和自然资源局2016年公布的《闲置土地信息公开表》披露，闲置土地有71宗，其中一宗用地闲置时间长达230个月。造成深圳土地闲置的原因，包括是周边的市政配套设施建设滞后，土地规划编制和调整以及征地转地补偿遗留问题等。此外，深圳作为工业化发展较早的城市，市内有工业园区数千个，仅龙岗区就有900个各类工业园区，占地面积达80.5平方公里。由于建成较早，主要以低端园区或厂房为主，配套设施落后，规划发展相对滞后，且布局杂乱无序。

（二）土地供应规模波动明显，出让方式呈现多元化

建设用地供应方式主要分为划拨和出让两类，出让又分为协议出让和“招拍挂”出让。如表7-4所示，2005年以来，深圳市建设用地供应量呈“升—降—升”的波动特点，但近几年的供应规模呈下降趋势。具体来看，2007年建设用地供应规模达到峰值，供应504宗，面积1764公顷，随后呈直线下降。2008年建设用地供应仅为193宗，面积477公顷，下降幅度超过60%。2011年达到供应规模最低值，供应土地85宗，面积237公顷，尚不足2007年的20%。之后几年虽

① 根据2017年全市总建筑面积约11亿平方米，建设用地面积约932平方公里，推算得到。

略有增加，但基本在220宗左右徘徊，2016年以后建设用地供应规模回升明显。

表7-4 2005—2017年深圳市建设用地供应数量一览表 单位：宗

时间	供应数量	其中：			
		划拨	出让	其中：	
				协议	招拍挂
2005年	288		288	278	10
2006年	339		339	313	26
2007年	504		504	474	30
2008年	193		193	141	52
2009年	141		141	107	34
2010年	168	6	162	127	35
2011年	85	1	84	55	29
2012年	171	5	166	121	45
2013年	230	26	204	157	47
2014年	225	6	219	179	40
2015年	237	27	210	166	44
2016年	257	90	167	120	47
2017年	322	107	214	170	44

数据来源：根据WIND相关数据整理得到。

从供应方式来看（如表7-5所示），在2016年以前，建设用地供应以出让方式为主，划拨方式较少。2016年后以划拨方式供应的土地规模明显增加，这可能与深圳加大城市交通设施和公共配套服务设施建设有关。在出让方式中，协议出让一直是主要方式，供应规模远远超出“招拍挂”出让方式的供应规模。2008年以后协议出让方式供应土地减少明显，目前处于低位供应状态。

表 7－5　2005—2017 年深圳市建设用地供应面积一览表　单位：公顷

时间	供应面积	其中：			
		划拨	出让	其中：	
				协议	招拍挂
2005 年	923.26		923.26	860.60	62.66
2006 年	1580.97		1580.97	1462.03	118.94
2007 年	1764.03		1764.03	1663.56	100.47
2008 年	477.34		477.34	200.88	276.46
2009 年	275.61		275.61	168.18	107.43
2010 年	428.11	139.39	288.72	222.38	66.34
2011 年	237.55	3.03	234.52	159.86	74.66
2012 年	494.88	3.29	491.59	406.40	85.19
2013 年	667.38	130.17	537.21	375.24	161.97
2014 年	568.93	21.16	547.77	372.34	175.43
2015 年	475.07	38.25	436.81	327.57	109.24
2016 年	1147.03	559.44	587.59	362.72	224.87
2017 年	1219.33	489.74	639.46	516.10	123.36

数据来源：根据 WIND 相关数据整理得到。

（三）土地供应明显少于其他城市

如表 7－6 所示，深圳市土地供应较为紧缺。2012 年至 2018 年，在全国 102 个城市土地供应排行榜中，深圳徘徊在 77 名至 97 名之间，排名相对靠后。其中，四个一线城市中土地供应面积排名较为靠前的有上海和广州，均在全国 30 名以前，北京的排名波动较大，最高的排名达到了 21 名，最低的排名仅有 56 名，但总体排名优于深圳。2018 年深圳的土地供应面积排 97 名。WIND“土地供应城市排行榜”相关数据显示，在四个一线城市中，深圳的土地供应数量最低，而上海和广州土地供应数量较多。其中，2012 年上海供应土地数量遥遥领先于其他一线城市，达到了 654 宗，比同一年的深圳高出了 581 宗。2013 年广州在土地供应数量最多，比同一年的深圳高出了222宗。北京土地供应数量波动较大，但供应土地数量总体高于深圳，在2013年两者供应数量相差197宗。

表7－6　　2012—2018年北上广深土地供应面积排名一览表

时间	深圳	北京	上海	广州
2012年	88	28	10	21
2013年	97	21	7	28
2014年	91	32	6	16
2015年	95	36	16	22
2016年	77	56	18	29
2017年	91	26	22	9
2018年	97	53	18	16

数据来源：根据WIND“土地供应城市排行榜”相关数据整理得到，历年均为102个城市参与排名。

总体而言，深圳土地供应面积远不及其他一线城市。2012年，北京、上海、广州的土地供应面积分别是深圳的5.5倍、10.5倍和6.6倍，即使2016年这个差距缩到了最小，下降到1.7倍、3.5倍和2.7倍，但2018年差距又扩大至4.6倍、10.3倍和10.5倍（如表7－7所示）。

表7－7　　2012—2018年北上广深土地供应面积对比一览表

单位：平方公里

时间	深圳	北京	上海	广州
2012年	212.45	1158.06	2230.83	1394.49
2013年	156.62	1439.68	2223.83	1192.15
2014年	161.55	898.4	1862.39	1123.31
2015年	133.15	701.08	999.99	926.78
2016年	257.82	435.49	891.1	688.81
2017年	151.26	971.4	1025.03	1280.71
2018年	126.96	585.39	1308.1	1332.87

数据来源：根据WIND相关数据整理得到。

（四）土地供应结构不合理

深圳土地供应最多的类型是工业用地，这也是城市整体建筑容积率不高的重要原因。从历年来深圳签订土地出让合同的情况来看（如图7－14和图7－15所示），工矿仓储用地占当年签订土地出让合同规模的30%左右，最高达70%左右。2012年至2017年间，商服用地出让规模、住宅用地出让规模均占当年签订土地出让合同规模的20%左右。工矿仓储用地、商服用地、住宅用地三者占了土地出让合同的70%多。当前，工业用地经济效率较低、商业办公空置率高企、住宅价格呈持续快速上涨的状况下，土地供应结构与经济社会的需求不匹配，不仅限制了土地利用效率的提升，也影响了城市竞争力的提升。

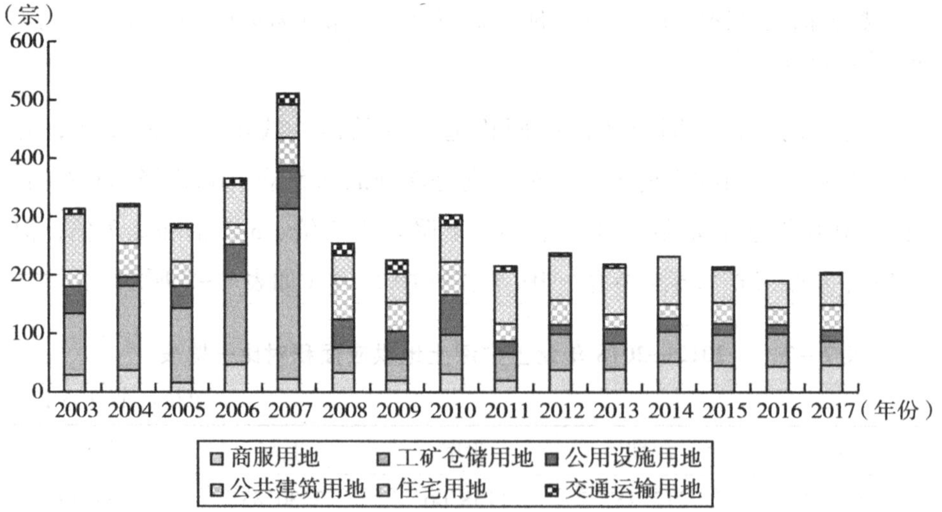

图7－14　深圳市签订土地出让合同的主要类型用地宗数

数据来源：《深圳房地产年鉴》（2018）。

如图7－16所示，从“招拍挂”出让土地的情况来看，工业用地供应数量历年占比均在50%以上。其中，2012年工业用地供应数量最多，达到了52宗，占当年出让土地供应数量的71.2%，供应面积为147.3万平方米，占当年出让土地供应面积的69.3%，在2013年供应比例

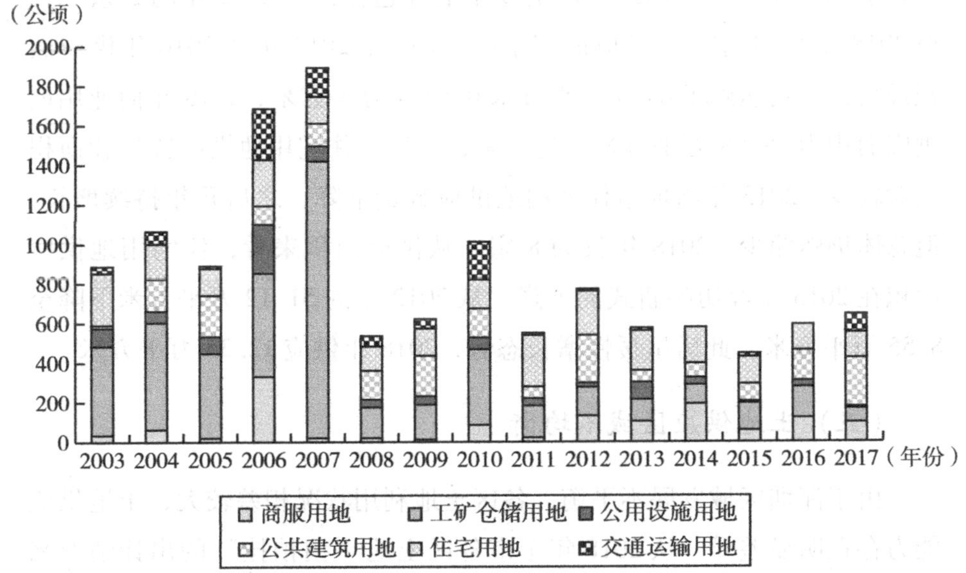

图 7－15　2003—2017 年深圳市土地出让合同的主要类型用地面积示意图

数据来源：《深圳房地产年鉴》(2018)。

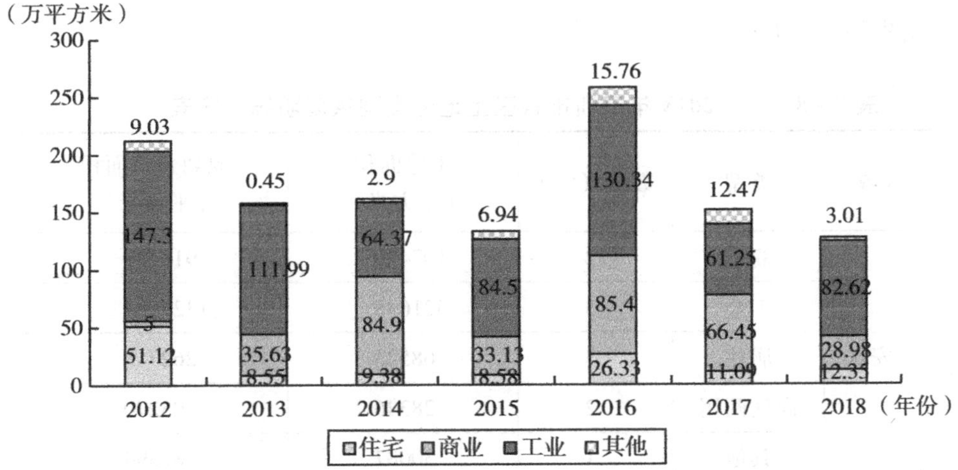

图 7－16　2012—2018 年深圳市“招拍挂”土地供应面积示意图

数据来源：根据 WIND 相关数据整理得到。

达到了71.5%。商业用地数量呈逐年上升趋势，从2012年的5宗上升至2018年的21宗，但供应面积未同步增长，2014年和2016年供应面积最高，分别达到了84.9万平方米和85.4万平方米，2018年商业用地供应面积为28.98万平方米。近年来，深圳市住宅用地供应数量和面积相对较少。2013年深圳市住宅用地供应数量下降，之后几年持续增长，但总体仍然偏少，2018年仅为8宗。从供应面积来看，住宅用地供应面积在2013年经历腰斩式的下降，从2012年的51.12万平方米下降至8.55万平方米，此后呈缓慢增长态势，2018年供应12.35万平方米。

（五）土地供应区域不均衡

由于深圳区域发展不平衡，各区土地利用状况相差较大，土地供应能力存在明显差异。从2018年全市各区土地“招拍挂”的出让情况来看，宝安区土地供应数量达到21宗，以商业用地为主，达到12宗，工业和住宅均为3宗。南山区、福田区和坪山区只有工业和商业用地供应，龙岗区供应的6宗土地中，5宗是工业用地，1宗是住宅用地。龙华区供应的工业、商业、住宅用地分别为3宗、1宗、1宗（如表7－8和图7－17所示）。

表7－8　2018年深圳市各区土地分类型供应明细一览表

区域	类型	数量（宗）	土地面积（平方米）	规划建筑面积（平方米）
宝安区	商业	12	107450	913187
	工业	3	321648	1327184
	居住	3	68523	262718
	商住两用	2	28346	93270
	其他	1	30087	82394
南山区	工业	8	56808	711515
	商业	3	38618	326100

续表

区域	类型	数量（宗）	土地面积（平方米）	规划建筑面积（平方米）
坪山区	工业	5	144550	518112
	商业	2	111392	343600
龙岗区	工业	5	182637	453081
	居住	1	11353	30660
龙华区	工业	3	48703	210630
	居住	1	15324	61010
	商业	1	13549	67740
盐田区	其他	2	43959	175836
	工业	1	13538	33845
福田区	工业	1	14323	71610
	商业	1	7194	57550
罗湖区	商业	2	11576	108090

数据来源：根据 WIND 相关数据整理得到，鉴于数据可得性，表中仅为“招拍挂”出让数据。

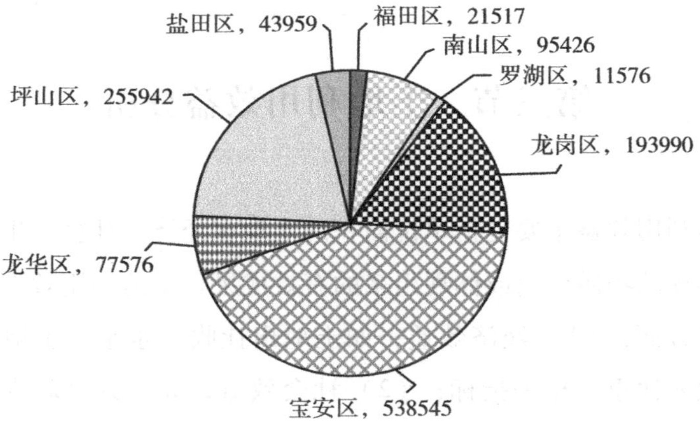

图 7－17　2018 年深圳市各区土地供应面积示意图（单位：公顷）

数据来源：根据 WIND 相关数据整理得到，鉴于数据可得性，表中仅为“招拍挂”出让数据。

从土地利用效率的整体情况来看，深圳土地利用强度已远超国内一线城市及国际大都市平均水平，建成区占比过高，人口密度高，土地承载压力大。建设用地极为短缺，且逐渐依赖存量供应土地。近些年存量用地增长较为缓慢，导致新增土地供应更趋困难。地均产出水平方面，深圳经济密度高居全国前列，但建设用地单位产出水平有待提升，且分区域地均产出水平不均衡，呈两极分化。工业用地产出效益的空间差异较明显。在土地利用方式上，工业用地占比过高，建筑物整体容积率不高，土地利用方式较粗放。土地供应规模波动明显，2005 年以来，深圳市建设用地供应量呈“升—降—升”的波动特点，但近几年的供应规模呈下降趋势。土地供应较为紧缺，不论是供地数量或是供地面积，均少于其他一线城市。在土地供应方式上，2016 年以前，建设用地供应以出让方式为主，划拨方式较少。近几年以划拨方式供应的土地规模明显增加。以协议出让方式的土地供应规模远远超出“招拍挂”出让方式的供应规模，但协议出让方式供应土地呈明显下降趋势。土地供应结构不合理，且土地供应呈现区域分布不均衡。

第三节　土地利用效益分析

土地利用效益主要是指单位面积的土地在经济、社会、生态环境等方面所实现的物质产出或体现出来的有效成果。土地利用效率主要体现在以下三方面：（1）经济效益，如土地出让收入水平、土地收入占公共财政收入比重等相关指标；（2）社会效益，如公共财政支出、居民收入水平、医疗卫生发展水平、教育发展水平等相关指标；（3）生态效益，如建成区绿化覆盖率、人均公园绿地面积、环境治理水平、空气质量，以及水利环境和公共设施管理业投资完成额等相关指标。

一、经济效益

（一）建设用地出让收入增长明显

土地要素投入对经济增长具有“隐性贡献”。近年来，由于土地溢价率较高，深圳市建设用地的出让收入呈不断增长趋势，除2008年至2011年间略有下降外，其他年份增长较为明显，其中2013年出让收入较2012年增长4倍多，2016年出让收入较2015年增长约58%。以“招拍挂”方式出让供应的土地规模明显少于协议出让方式，但出让收入方面，除2007年和2015年外，其他年份收入总额均明显高于协议收入（如图7-18所示）。

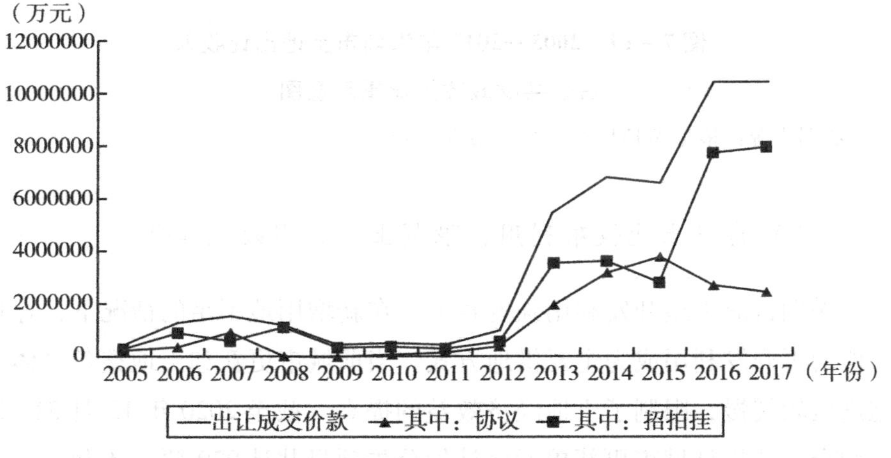

图7-18　2005—2017年深圳市建设用地出让成交价款示意图

数据来源：根据WIND相关数据整理得到。

（二）土地收入构成财政收入的重要组成部分

土地出让收入为深圳公共财政收入做出较大贡献。如图7-19所示，2013年以来土地出让收入占地方财政收入的比重常年保持在30%左右。以2013年为例，当年土地出让收入548亿元，占当年政府性基金收入的109.7%，较2012年的土地出让收入增长462%，同年深圳地方公共财政收入1731亿元，土地出让收入占31.7%，是深圳市财政收入的重要来源之一。

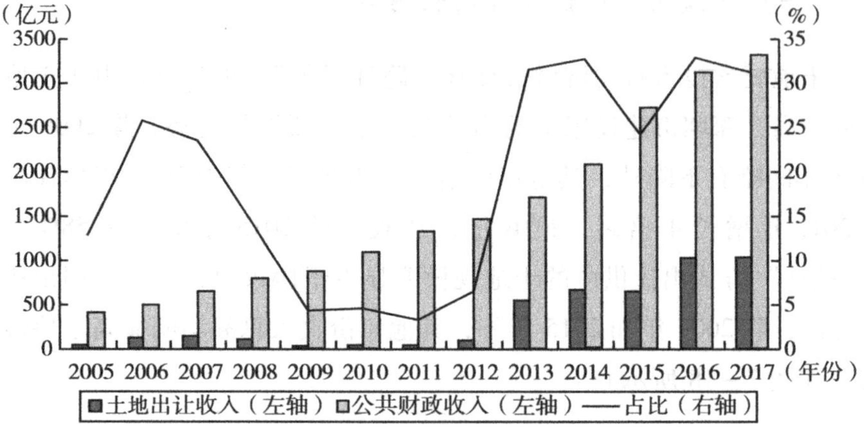

图7-19 2005—2017年深圳市土地出让收入占公共财政收入比重示意图

数据来源：根据WIND相关数据整理得到。

（三）存量土地较难利用，限制土地利用效益提升

深圳目前土地开发利用强度较大，在新增用地不足的情况下，存量土地的再开发利用成为主要供地方式。当前城市更新和土地整备总体实施进展较缓慢，限制了土地经济效益的提高。截至2020年12月31日，深圳全市共累计城市更新单元已计划公告项目共计929项（不包含计划调出、转为棚改等项目），拆除重建用地面积共72.91平方公里。城市更新单元已规划公告项目共计546项（另有39个更新单元处于规划草案公示阶段，并未发布规划公告），拆除重建用地面积共41.63平方公里，开发建设用地面积共28.05平方公里，规划实施率为58%。城市更新单元已确认实施主体项目共计438项，拆除重建用地面积共31.55平方公里，开发建设用地面积共21.61平方公里，实施主体确认率为47%。2020年底全市城市更新单元处于计划阶段的项目共344项，拆

除用地规模为30.8平方公里；处于规划阶段的项目共147项，拆除用地规模为13.3平方公里；处于已确认实施主体阶段的项目共438项，拆除用地规模为28.8平方公里①。

存量土地开发利用难，一方面在于历史原因所导致的土地权属争议，限制了土地规范流转。另一方面，受土地所有权本身意识形态性的影响，在国有土地独占土地使用权市场准入的制度设计下，政府推动土地开发利用，始终遵循着“先国有化，再市场化”的资源配置逻辑，并逐渐强化成“唯有国有化，才能市场化”。因此，在路径依赖机制的作用下，较难突破现有的制度约束。

二、社会效益

土地出让收入为深圳城市的建设发展提供了重要的资金支持，有力地促进了公共财政支出的快速增长，实现了居民收入水平的快速增长，教育、医疗卫生等公共事业获得全面的发展，各个领域均取得了显著的成就。

（一）公共财政支出增长快

如图7－19和图7－20所示，土地出让收入的快速增长支撑了深圳公共财政支出的持续增长，较高的深圳财政自给率为深圳的教育、医疗、文体、社区服务、交通等城市设施建设和公共服务做出重要贡献。截至2019年末，深圳公共财政收入9424亿元，其中地方一般公共预算收入3773亿元。

（二）居民收入水平快速增长

2009年至2019年，深圳居民人均可支配收入快速增长，由29245

① 数据来源：合一城市更新集团《2020年城市更新白皮书》。

元增长至62522元，年均增长8.7%以上，2011年增速达到最高的12.7%（如图7－21所示）。

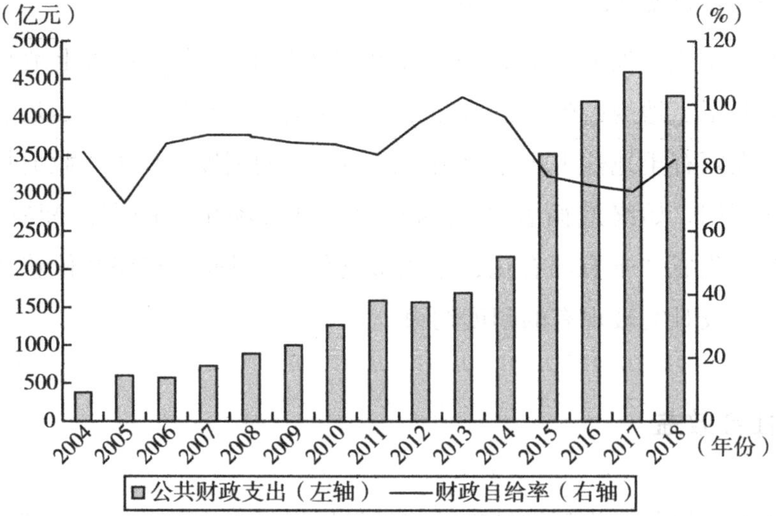

图7－20　2004—2018年深圳市公共财政支出及财政自给率示意图

数据来源：根据WIND相关数据整理得到。

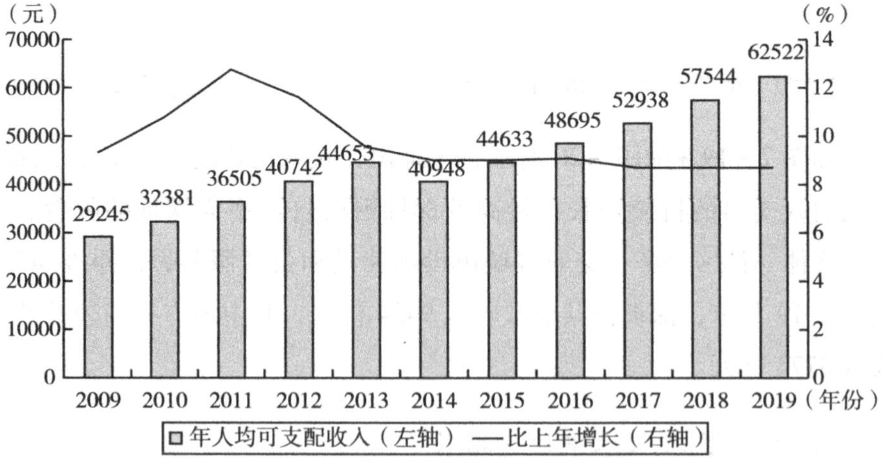

图7－21　2009—2019年深圳市居民人均可支配收入及增长速度示意图

数据来源：《深圳市国民经济和社会发展统计公报（2009—2019）》和《2020年深圳市政府工作报告》。

（三）医疗卫生发展水平成就显著

医疗卫生事业的发展主要依赖政府的投资建设，深圳积极发展和提升医疗卫生服务水平。从医疗卫生发展水平来看，深圳全市的卫生机构数由 1979 年的 62 家增加至 2020 年的 5298 家（其中三甲医院达到 18 个），增长 85.45 倍，5 家医院跻身“广东省高水平医院”；人均预期寿命提高至 2020 年的 81.54 岁；各类卫生机构拥有床位数由 1979 年的 597 张增加至 2020 年的 6.29 万张，增长 105 倍；各类卫生工作人员数由 1979 年的 0.12 万人增加至 2019 年的 10.28 万人，增长 85.7 倍；2019 年全年所有医疗机构完成诊疗量 10811.72 万人次，病床使用率 82.5%①。深圳从昔日边陲小镇，经过近 40 年的发展，在医疗卫生事业方面取得了显著的成就，正在向医疗高地的目标迈进。

（四）教育发展水平稳步提升

从教育发展水平来看，1979 年以来，深圳教育事业实现了跨越式的发展。全市各级各类学校（含幼儿园）由 1979 年的 340 所增加到 2019 年的 2642 所，增长 7.8 倍。其中普通高等学校由 1983 年的 1 所增加到 2020 年的 15 所；基础教育学校由 1979 年的 340 所增加到 2017 年的 2593 所。截至 2019 年末，深圳各级各类在校学生总数达 232.24 万人，其中幼儿园在读人数 54.5 万人，普通中小学在校学生 154.64 万人，普通高校在校学生 14.95 万人、毕业生 51.49 万人；招生 63.97 万人。如图 7－22 所示，2009—2018 年深圳市普通高校、中职学校以及普通中学在校生人数持续增长。

---

① 数据来源：2019 年深圳市卫生统计提要和深圳市统计局官网。

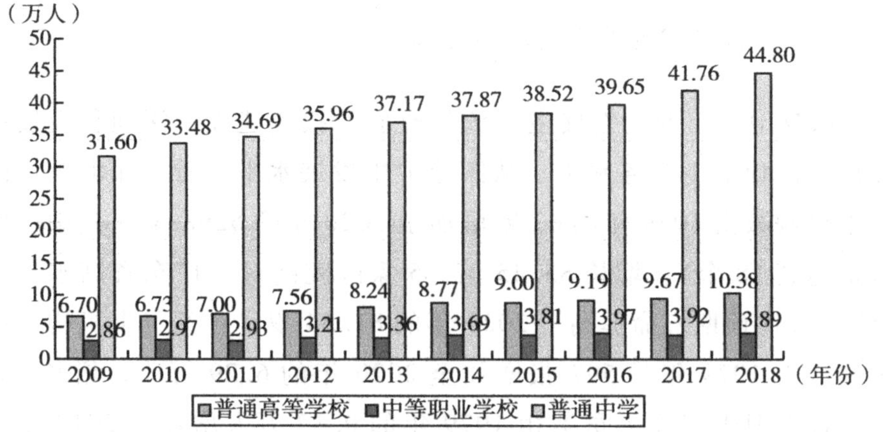

图 7－22　2009—2018 年深圳市各类教育在校生人数示意图

数据来源：《深圳市国民经济和社会发展统计公报（2009—2018）》和深圳市统计局官网。因缺少 2019 年各类在校生具体人数，故数据分析截至 2018 年。

三、生态效益

“绿水青山就是金山银山”，深圳在取得显著经济成就的同时，不断加快产业升级，转变经济发展方式，倡导绿色生活，实现低碳目标。质量高、结构优、消耗低已成深圳经济发展的新常态。深圳早在 2000 年被联合国环境规划署和世界公园协会共同评选为国内首个国际花园城市。截至 2019 年末，深圳绿化覆盖超过 43%，人均公共绿地面积达到 18.3 平方米。公园总数达 1090 个，建成“千园之城”，市民出行 500 米可达社区公园，2 公里可达城市综合公园，5 公里可达森林郊野公园。截至 2020 年末，深圳森林覆盖率为 39.78%，森林面积 788.16 平方公里，森林蓄积量 397.07 万立方米，林地面积 6.76 万公顷，现拥有各类自然保护地 27 个，包括自然保护区、风景名胜区、地质公园、湿地公园、森林公园 5 种类型，其中陆域现有自然保护地 25 个，海域现有自然保护地 2 个。深圳在全国率先实现全市域消除黑臭水体，成为全国水环境改善最明显的十个城市之一。空气质量稳居全国城市前列，PM2.5

年均浓度降至 24 微克/立方米。2017 年至 2019 年，盐田区、罗湖区、坪山区、大鹏新区和福田区先后获评“国家生态文明建设示范区”，深圳成为获评总数最多的地级以上市[①]。

从深圳全社会固定资产投资中水利、环境和公共设施管理业完成额来看（如图 7－23 所示），2009 年至 2017 年，深圳水利、环境和公共设施管理业固定资产投资年均保持在 200 亿元左右，其中 2016 年达到 336 亿元，2017 年达到 513 亿元，2018 年增长到 657 亿元，固定资产投资支出的快速增长对于进一步改善深圳的生态环境起到了重要的作用。由此可见，深圳在实现经济社会快速发展的同时，十分重视对生态环境保护，体现了生态效益与经济社会效益的良性发展态势。

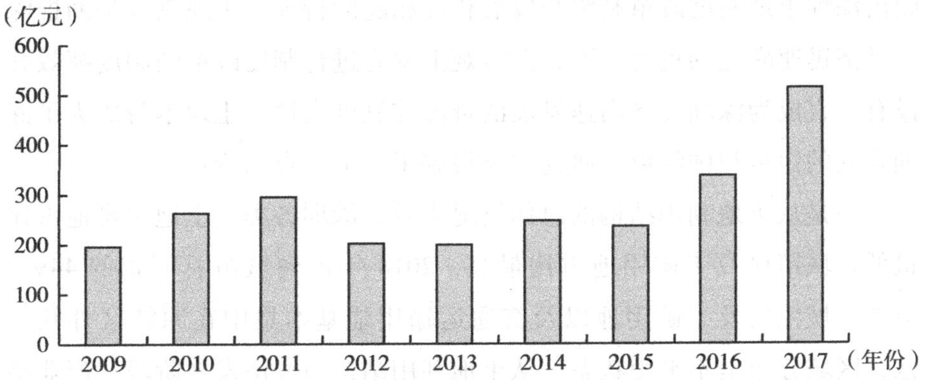

图 7－23　2009—2017 年深圳市水利、环境和公共设施管理业投资完成额

数据来源：根据 WIND 相关数据整理得到。

从土地利用效益的整体情况来看，深圳建设用地出让收入增长明显，土地收入构成了财政收入的重要组成部分，充分体现了土地的经济效益，但存量土地较难利用，限制土地利用效益的进一步提升。土地出让收入为深圳城市的建设发展提供了重要的资金支持，有力地促进了公

① 根据新闻媒体等公开资料整理得到。

共财政支出的快速增长，实现了居民收入水平的快速增长，教育、医疗卫生等公共事业获得全面的发展，各个领域均取得了显著的成就。深圳水利、环境和公共设施管理业固定资产投资的稳步增长，保护和改善了生态环境，土地整体呈现出良好的经济效益、社会效益和生态效益。

第四节　本章小结

本章主要从土地利用结构、利用效率和利用效益三个方面，通过分析具体的数据指标变化来对深圳土地制度变迁的绩效进行评价，基本反映出深圳土地制度改革利弊与发展相伴相随的特征。土地制度是助推深圳经济迅速崛起的重要因素，但客观上率先进行制度改革的制度绩效并没有一直成为深圳经济高速发展的资源与制度支撑，土地本身成为了深圳发展的短板与硬约束。研究主要得到了以下三点结论：

一是从土地利用结构的总体情况来看，深圳各类型土地中耕地占比最低，城镇村及工矿用地占比最高，2018 年占到城市总面积的 44%。耕地、城镇村及工矿用地以及交通运输用地基本集中在原特区外几个区，区域分布呈不平衡状态。从土地利用结构与经济发展阶段、产业结构之间的内在联系来看，为满足不同经济发展阶段对土地的要素禀赋需求，土地利用结构不断发生变化，与产业结构的升级调整相匹配从而有效地促进了深圳经济的迅速增长。从时空变化趋势来看，深圳由改革开放前的一个以农业经济为主的边陲小镇，发展为全国性经济中心城市和国际化城市，土地利用结构从早期以农业用地为主，逐步向目前的工业、服务业用地转移，发生了显著变化，为第二、三产业的发展提供了空间支持。目前，深圳市建设用地仍保持着稳定增长趋势，反映出政府继续侧重工业、服务业以及战略性新兴产业的发展导向。

二是从土地利用效率的整体情况来看，深圳土地利用强度已远远超出国内一线城市及国际大都市平均水平，建成区占比过高，人口密度高，土地承载压力大。建设用地极为短缺，且逐渐依赖存量供应土地。近些年存量用地增长较为缓慢，导致新增土地供应更趋困难。地均产出水平方面，深圳经济密度高居全国前列，但土地单位产出水平有待提升，且分区域地均产出水平不均衡，呈两极分化。土地产出效益的空间差异较明显。在土地利用方式上，工业用地占比过高，但建筑物整体容积率不高，土地利用方式较粗放。土地供应规模波动明显，2005 年以来，深圳市建设用地供应量呈“升—降—升”的波动特点，但近几年的供应规模呈下降趋势。土地供应较为紧缺，不论是供地数量或是供地面积，均明显少于其他一线城市。从土地供应方式看，2016 年以前，土地供应以出让方式为主，划拨方式较少。2010 年之后以划拨方式供应的土地规模明显增加。此外，协议出让土地的供应规模远远超出“招拍挂”出让方式的供应规模，但协议出让方式供应土地呈明显下降趋势。土地供应结构不合理，且土地供应呈现区域分布不均衡的特点。

三是从土地利用效益的整体情况来看，深圳建设用地的出让收入增长明显，土地收入构成了财政收入的重要组成部分，充分体现了土地的经济效益，但存量土地较难利用，限制土地利用效益的进一步提升。土地出让收入为深圳城市的建设发展提供了重要的资金支持，有力地促进了公共财政支出的快速增长，实现了居民收入水平的快速增长，教育、医疗卫生等公共事业获得全面的发展，各个领域均取得了显著的成就。深圳水利、环境和公共设施管理业固定资产投资的稳步增长，保护和改善了生态环境，土地整体呈现出经济效益、社会效益和生态效益协调发展的良好态势。

第八章

深圳土地制度的创新发展路径研究

任何一项制度都是特定经济社会发展阶段下的产物，必然有其局限性，深圳土地制度亦然。基于本书所构建的“环境—行为—绩效”理论分析框架，在前文对深圳土地制度的演进逻辑、演进特征以及土地问题的历史成因的分析基础上，本书认为，由历史原因所导致的土地产权不够明晰、资源配置方式较为低效以及土地增值收益分配不公平，构成了深圳现行土地制度存在的主要问题。因此，本书将着重从历史成因和制度原因深入剖析土地问题产生的内在逻辑，站在全球视角，通过对比借鉴英国、新加坡、纽约、香港等典型地区经验与做法的基础上，从明晰产权、完善机制、利益共享、简政放权等方面，来进一步探寻突破现有制度约束的创新发展路径。

第一节　现行土地制度存在的主要问题

土地产权尚不够明晰、资源配置方式较低效以及增值收益分配不公平，构成了现行土地制度中存在的主要问题，本节将着重从历史成因和制度原因等方面深入剖析这些问题产生的内在逻辑，为问题解决提供思路并指明突破方向。

一、土地产权尚不够明晰

《新帕尔格雷夫经济学大辞典》将产权定义为一种通过社会强制而实现的，对某种经济物品的多种用途进行选择的权利[①]。科斯指出，产权界定不清会导致行为权利和利益边界不确定，从而形成外部性问题，最好的产权制度能使交易成本最小化。诺思认为，产权本质上是一种排

① 新帕尔格雷夫经济学大辞典［M］. 北京：经济科学出版社，1996：1101.

他性的权利，只有在产权明确界定的情况下，合约双方才能出于对自身利益的关切，选择和安排交易成本最低、获益最大的合约形式。

产权是土地制度的核心。从法学角度看，我国《民法典》规定：所有权人对自己的不动产或动产，依法享有占有、使用、收益和处分的权利。因此，所有权是财产归属的法律形式，具有法律赋予的强制力。产权则是受制度保护的利益，产权乃一个权利束，由所有权、使用权、收益权和转让权四项基本权利构成。其中，使用权是指对一件特定物品的物理条件和用途做出决策的权利。收益权是指支配使用权所带来的收入的权利。转让权是指转让或出租使用权的权利。转让权是产权的关键，因为它是人们掌控和处置未来收入流的方式，如果没有转让权或受到限制，则支配能力会受到削弱，导致权利主体预期不足，较少考虑资源的长久效益，从而引发机会主义行为。进而，人们往往会选择非市场的低效生产或维权等方式来解决对资源的需求冲突，带来较高的“租值耗散”，因而往往导致资源难以达到最优配置。因此，如果产权得不到有效的界定、实施和保护，导致权利束中的某一项或某几项权利缺失，将会带来产权的模糊。

制度的实施需要与之契合的其他配套制度，如果与制度环境不相适应，则会导致激励与约束机制失灵，带来制度绩效与预期不符。超前的制度变迁可能会导致制度改革失败，制度通常会以一种隐性的法外方式来继续存在，等待制度环境调整并予以接纳。由于缺乏可借鉴的经验，加之对市场经济认知的不足，受土地国有意识形态的影响，以及政策设计与执行的偏差等原因，深圳在推进两次集体土地国有化的过程中，加剧了房地产权关系的复杂性，客观上在原农村集体土地上形成了国有土地所有权和原村民的法外控制权并存的两难局面。

目前，深圳土地的产权形态主要包括以下几类：国有土地、政府认可的原农村集体非农建设用地（包括非农建设用地、征地返还用地、经历史遗留违法建筑确权处理的用地等）以及原农民掌控的违法用地。政府在形式上拥有违法用地的所有权，而原村民实际控制了土地的占有、使用、收益等权利，与之相关的土地和房屋交易等都受到限制，难以规范流转，得不到法律的承认和保护，导致“政府拿不走、原村民用不好、市场难作为”的无效率状态。受限于当前深圳市域面积较小，且土地开发利用强度高的硬约束，历史遗留问题若长期得不到妥善处理，将会妨碍城市综合竞争力的提升，势必会影响到城市的未来发展。究其根源，皆源于该部分土地缺乏清晰的产权界定，政府受制于与原村民利益博弈的僵持局面，而原村民则基于利益权衡选择法外生存、交易和调节，由此形成了当前博弈均衡的次优结果，因而呈现明显的外部不经济。

解决因产权界定不清晰而导致的外部性问题，主要有两种方法：一种是庇古提出的引入政府进行适当干预，借助征税或补贴的方式，使外部效应内部化。另一种是科斯强调的通过市场手段予以解决。具体到如何进行方法选择时，科斯认为：“我们必须考虑各种社会安排（不论是市场机制还是政府部门）的操作成本。在设计和选择社会安排时，我们应考虑总的效果。”① 深圳当前部分土地产权尚不够明晰的现状，阻碍了土地要素的规范有序流转。因此，在坚持土地所有制不变的前提下，政府应着眼于通过产权改革来破除障碍，以确权促进土地的规范流转，借助产权重构来激活土地的供应潜力，建立统一规范的、运作良好的、交易成本较低的土地市场机制体制，并以此来进一步满足经济社会发展对土地多层次差异化的需求。

二、资源配置方式较低效

纵观我国的市场化改革历程，要素市场改革要明显滞后于产品市场改革。土地兼具生产性和财产性的特殊属性，也使得土地要素市场仍处于高度管制状态，滞后性也最为明显。当前，土地产权的模糊状态，加

① 罗纳德·H. 科斯．社会成本问题．见盛洪．现代制度经济学［M］．北京：中国发展出版社，2009：39.

之政府对土地资源的直接配置等原因，导致了深圳土地资源配置方式的低效状态，具体表现在以下方面：一是土地产出水平不高，区域差异明显；二是土地利用方式不合理，工业用地效益低下；三是存量用地再开发利用困难等。

第一，土地产出水平不高，区域差异明显。尽管深圳的经济密度一直保持全国前列水平，但建设用地的地均产出水平（24.8 亿元/平方公里）低于广州（30.8 亿元/平方公里），与北京（20.6 亿元/平方公里）、上海（17.2 亿元/平方公里）较为接近，整体利用水平有待提高。此外，不同区域地均产出水平存在较大差距，尤其是工业用地产出效益空间差异明显，呈两极分化。如，2018 年福田区地均 GDP 达到 50.99 亿元/平方公里，是全市平均值的 4 倍多，罗湖区和南山区地均 GDP 分别是 28.61 亿元/平方公里和 27.05 亿元/平方公里，也远高于全市平均水平，龙华区、龙岗区和宝安区、盐田区等地区地均 GDP 产出水平相对较低。其中，2018 年南山区工业用地经济效益（每平方米的工业用地上规模以上工业增加值）达 1.26 万元/平方米，福田区为 0.81 万元/平方米，较光明区、坪山区的 0.17 万元/平方米、0.19 万元/平方米高出十余倍。

第二，土地利用方式不合理，工业用地效益低下。统计资料显示，目前深圳城市建设用地中，居住用地占比约 22%，工业用地占比约 25%，商服用地、仓储用地、交通用地等共占比约 51%。其中，居住用地占比未达到国家《城市用地分类与规划建设用地标准》（25%—40%）的下限标准，也远低于纽约（42%）、东京（37%）、新加坡（55%）和香港（29%）等国际都市的居住用地占比。工业用地占比过高，挤占居住和生活用地，造成深圳住房供给不足、房价高涨的重要因素。工业用地利用较为粗放，呈现碎片化分布。多年来政府为扶持工业发展，人为压低工业地价，在一定程度上导致土地价格扭曲，造成资源错配，带来了土地利用的不集约。从价格成本看，工业用地的价格大多在 400 元/平方米到 3000 元/平方米之间，与商业用地、居住用地动辄每平方米几万元的出让价格相比，工业用地的价格显得相当低廉。因此，较低的使用成本不能激发企业或个人对土地开发的积极性，容易造成土地资源的浪费，还容易滋生寻租行为。数据统计显示，2012 年至 2018 年间，全市“招拍挂”出让土地中，工业用地供应数量占比均在 50% 以上，个别年份工业用地供应数量高达 70% 以上。此外，深圳工业用地呈现出零散、无序的空间分布状态。由于早期所建厂房受资金约束和产业形态影响，多以平面扩张为主，容积率偏低，缺乏合理规划，造成工业用地与城中村、住宅混杂交织，侵蚀土地供给潜力。此外，深圳面积小于 15 公顷的工业用地约 175 平方公里，占总面积的 67%。

第三，存量用地再开发利用困难。国家法律规定集体土地的建设用地使用权不能直接进入土地市场，因而在制度层面造成了集体土地与国有土地的不平等地位，导致集体土地无法分享工业化和城市化带来的收益。在制度环境的约束下，政府受土地国有意识形态的影响，在“先国有化、后市场化”的制度设计下，通过低价征收再高价出让的方式，从而获得大部分的土地增值收益。然后在土地增值收益与土地补偿之间的利差较为悬殊的情况下，政府没有充分考虑到原村民的利益诉求。因此，原村民采取增加地上附着物的方式进行抗争，客观上阻碍了政府对其所占土地的有效利用，进而导致当前存量土地利用开发难的博弈困境，造成了土地资源配置的低效率状态。城市更新和土地整备是深圳盘活存量土地的重要举措，但是由于土地历史遗留问题的羁绊，导致目前进展较为缓慢，推进制约因素多，存量土地盘活艰难，实施效率不高。资料显示，截至 2019 年 5 月，列入城市更新计划的项目共 767 个，但完成了实施主体确认的仅有 37%，进入开发阶段的项目仅有 15%①。大部分项目目前仍处于拆迁补偿谈判的过程中，城市更新项目整体实施率偏低。

短短 40 年间，深圳完成了快速工业化和城市化的进程，造就了城

① 资料来源：深圳商报．以特区立法破解城市更新“拆迁难”[N]．2019-12-16.

市发展史上的奇迹，但同时也给深圳的土地管理带来巨大的挑战。在土地制度改革的过程中，一方面深圳在不断创新完善土地管理制度，有力地支撑着经济社会的发展需求。但另一方面，处在中国社会由计划经济向市场经济转型的背景下，政府在“摸着石头过河”的探索实践中，由于缺乏可借鉴的经验，加之对市场经济认知的不足，导致资源配置方式较低效等问题，不仅约束着社会经济的发展，又同时构成了深化改革的内容。

三、增值收益分配不公平

土地级差地租的上涨与城市发展密切相关，解决当前主体之间的土地利益冲突，关键在于构建公平合理的利益共享机制。深圳大量违法用地与违法建筑的存在，是原村民面对政府土地制度安排采取的对抗方式，部分反映了原村民对土地增值收益分配格局的不满。目前随着经济社会的发展，原村民及集体经济组织的权益意识日益增强，对土地价值的认知更加全面，因而获取利益的预期也更加强烈，对土地占有和使用收益的分配必然提出更高要求，抗争的姿态也表现得更为坚决，由此进一步增加了解决历史遗留问题的困难程度。

首先，从制度层面看，囿于现行法律规定以及政府职能边界的模糊性，政府作为土地开发利用的推动者和土地市场的经营者，在“先国有化，再市场化”的资源配置逻辑下，凭借着权力与地位上的相对优势，能够分享更多的土地增值收益。此外，在具体制度和政策的设计上，缺少原村民的意愿表达和参与，低估原村民利益诉求的负面效应。加之补偿标准不能充分体现土地性质变更、用途转换以及规划调整后的市场价格，因而在土地增值收益分配方面显失公允。原村民虽然属于分配格局的弱势群体，面对于己不利的局面，为分享城市化带来的土地增值收益，选择在实际控制的土地上增加附着物等方式，增加政府使用土地的拆迁和补偿成本，以此来保护自身权益。由此看来，当土地产权不稳定和容易受到损害时，人们往往会选择对抗而且交易的方式来解决对稀缺资源的需求冲突。

其次，从分配机制的设计角度看，政府主导土地征收、流转、增值收益分配的每个环节，弱化了市场作用，导致市场化配置机制的缺失，不利于形成公平合理的土地增值收益分配模式。在分配方式上过于重视一次性的货币补偿，缺乏稳定持续的资本性收入方式支撑，因而不具有可持续性。深圳将原农村集体经济组织改造为股份合作公司，意图通过经营留用土地，解决原村民的就业生计等问题，然而大多数股份合作公司仍然维持收取物业租金收入的单一经营方式，并没有形成稳定的经营性收入，甚至部分出现难以为继的经营局面，使得原村民的长远生计并未妥善得到解决。因此，能否形成稳定、持久的收入流来解决原村民的长远生计问题，成为土地增值收益分配机制的关键。

由此可知，导致土地增值收益分配不公的深层次原因，一方面在于城乡二元的土地制度，以及“先国有化、后市场化”的制度设计，不利于保障原村民的土地权益。集体土地产权的不完整，加之进入市场合法通道的缺失，以及相关利益主体之间权力与地位的不对等，使得地方政府成为土地增值收益的最大受益者，剥夺了原村民分享土地增值收益的机会。另一方面，政府的直接主导参与，弱化了土地要素的市场化配置作用，缺乏稳定持续的收入方式支撑，不利于形成公平合理的土地增值收益分配模式。

第二节 典型地区经验借鉴

土地制度是国家的基础性制度，事关经济社会发展和重大财产利益。为适应资源禀赋条件、历史文化背景以及经济社会发展水平，各个国家形成并确立了不同特色的土地制度。站在全球视角，对比审视各种典型的土地制度安排，将有助于科学、全面地认识深圳土地制度。在前文研究深圳现行土地制度中存在问题的基础上，本章接下来将以宽广的视野，考察借鉴英国、新加坡、纽约、香港等典型地区的经验和做法，为探寻突破现有制度约束的可能路径，以及进一步深化土地制度改革提供参照和启迪。

一、英国经验借鉴

英国国土面积约24.4万平方公里，人口密度持续增长但增速较缓，截至2019年末，人口达到6753万。自1066年以来，英国全部土地在法律上归女王或国家所有，各种机构团体、企业和个人仅拥有土地的使用权（或占有权）。英国是较早地建立并拥有完备的土地规划制度的国家。政府进行土地利用规划的重点在于土地开发，对土地转让等其他方面，基本不予控制和限制。

（一）英国土地制度的亮点

1. 土地开发制度

英国的土地开发建设以存量土地为主。政府明确规定60%的新增住宅建设类项目要在城区内的已开发土地上建设。存量土地开发的对象主要有两类：一类是历史遗留下来的老建筑物，主要是对其进行内部改造，提升功能。另一类是充分利用政府提供的支持政策，对工业废弃地进行更新改造，兼顾资源的可持续利用和经济可持续发展。

土地开发许可制度是英国政府调控土地供给的基础。从土地所有权上讲，英国的所有土地均归属于国家所有，但实际上90%左右的土地属于私人所有，享有土地的永久业权。为降低土地的开发建设对周围环境的影响，提高土地资源的利用效率，英国1947年颁布《城乡规划法》，通过土地开发许可制度管制土地用途。根据规定，所以土地的开发权均归属于国家所有，任何开发土地的行为均须申请获得土地开发权，以及更高强度或更高价值的使用权。土地的所有者或开发者，因开发许可而获得的土地增值均需缴纳开发税。

2. 上诉制度与公众参与机制

上诉制度明确中央政府对地方规划的监督与管理权限。通常情况下，地方政府最终裁定的土地许可规划申请，中央政府并不直接干预，只是通过间接的方式来影响地方政府的规划。但当土地开发项目被当地政府否决申请许可时，中央政府可以直接接受开发方上诉申请。在确有必要的情形下，中央政府可直接否决相关决定，并要求地方政府修改规划。此外，公众广泛参与也是完善规划监督体系的重要组成部分。1968年的《城乡规划法案》为公众参与土地管理的立法和执法提供了保障机制。讨论与制定土地规划法规均有法定的公众参与程序，民主监督制度确保了土地的合理有序利用以及土地规划法规的可操作性。

3. 征收地方议会税及营业房产税

英国政府通过征收地方议会税、营业房产税来减少土地和房屋的空置率，通过纳税的压力来防止土地和房屋的低效利用。业主要为自有的土地、房产缴税，所以一般都会经营自己的土地和房屋，一旦空置不能带来收益，会增加业主的经济负担。因此，英国土地和房屋空置的现象比较少见，根本原因在于持有环节的税收制度安排。

（二）英国土地管理经验启示

1. 完善的公众参与监督机制使土地供给符合社会需求

英国土地利用规划制度最鲜明的特点在于公众的广泛参与性。公众参与原则通过“公众审核”在立法方面得到充分体现。对公众审查的意见政府规划部门官员要进行解释和说明，并与相关部门和人员协商后才做出最后的决定。此外，公众参与原则通过“规划起诉”在执法方面得到充分体现。在完善的公众参阅监督机制下，可以促使政府部门土地管理规划符合社会预期，提高土地规划的民主、科学性，在土地分配上实现经济和社会的协同发展。

2. 重视土地规划，引导土地开发的可持续发展

政府在制定土地利用规划时强调可持续发展理念，把经济效益和环境效益和社会效益三者进行有机结合。在实践中，政府对利用土地资源持审慎的态度，提倡对环境的原生态保护。在土地管理和土地供给的过程中，不能仅考虑目前的社会经济情况，应该充分认识到未来的发展变化，重视可持续发展性，在这样的情况下，才能形成住房土地的有效供给，而不是满足短期目标。

3. 通过土地保有税来提高土地利用率

调整土地结构和降低土地空置率是提高土地利用率的主要途径。目前我国土地交易环节征税多，开发使用环节征税少，且基本为一次性征税。虽然设置有土地使用费，但较低的使用成本不能激发企业或个人对土地开发的积极性，造成土地资源的浪费。目前深圳市闲置土地面积仍然较大，造成部分土地虽然已经出让但是未形成市场有效供给的情况。英国通过地方议会税和营业房产税来减少土地和房屋的空置率，提升土地利用率的方式值得借鉴。

二、新加坡经验借鉴

新加坡是城市国家，国土面积共719.1平方公里。截至2019年末，人口达到570万人左右，人口密度接近8000人每平方公里，成为全球人口密度最高的城市之一。

从土地所有权看，新加坡实行国有和私有并存的混合所有制度。国有土地主要是通过法律从私人征用而来。总体来看，新加坡国有土地占比不断提升，占全部国土面积的比重约90%，成为新加坡土地供应的主要来源（如图8－1所示）。新加坡国有土地采取招标、拍卖、租赁等方式面向社会出让土地使用权，租赁期限一般为10年至99年不等，政府保有土地所有权。为加强土地的节约集约利用，新加坡构建了完善的土地管理法律体系和土地利用机制。

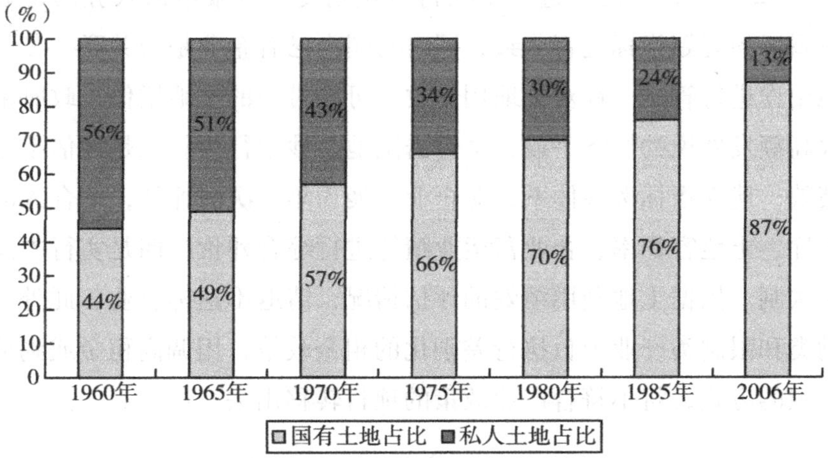

图 8-1　新加坡两类土地所有权比重变化情况示意图

数据来源：新加坡市区重建局。

（一）新加坡土地制度的亮点

1. 注重宏观长远规划与微观精细管理相结合

由于国土面积狭小，新加坡政府倡导集约节约的用地政策，注重宏观长远规划与微观精细管理相结合的理念。按照规划展望年限的长度，新加坡的土地规划包括三类：一是概念规划（未来 40—50 年）；二是总体规划（未来 10—15 年）；三是详细规划（未来 5—10 年）。随着经济社会形势的发展，概念规划一般每隔 10 年进行检查复核一次，总体规划一般每隔 5 年进行修订完善一次；详细规划则进行可行性研究，直接纳入实施计划。在微观精细管理方面，对全国 900 个小区的土地进行详细规划。政府从土地规划到具体落实非常强调土地利用与经济、社会发展和生态环境的平衡。为解决普通国民的居住问题，实行"组屋"政策，由政府投资建设房屋供中低收入人群居住，实现集约节约用地，同时提高了土地利用效率。

2. 重视土地利用的过程管理

新加坡在产业用地的规划利用方面，构建了完善的过程监管机制。

如图 8 -2 所示，一是通过严格执行审核制度，考察申请入驻的企业与工业园区的规划指标是否一致，同时与园内已有企业是否关联。二是对土地用途进行管制。针对土地用途改变可能带来的土地增值，政府采取征收高额发展税的经济手段，来打击囤地、炒地行为。三是评估土地利用绩效，建立指标考核体系，对企业开展 3 年一次的评估，结合入园承诺指标、土地容积率、企业营运业绩等进行综合评价。四是实行入园企业淘汰制。依据土地利用绩效的评估情况，清退不达标企业。此外，对鼓励类和限制类产业项目执行差别化的租金政策，用调高租金或到期不再续租的方式，将不符合产业政策的项目转移出去。

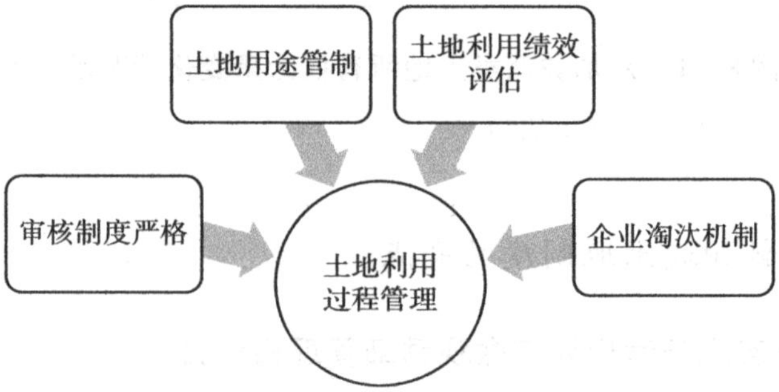

图 8 -2　新加坡土地利用过程管理机制

3. 创新"白色用地"模式，提高土地供给弹性

"白色用地"的概念是新加坡 1995 年提出并试行的一套独特的土地利用模式，目的在于进一步提高土地利用弹性，为土地开发利用提供灵活的发展空间。在土地总体规划中，新加坡保留了大量的"白色用地"。一是进行土地预留。对于区位条件优越且发展潜力大的优质地块，在暂时不能明确地块的最优用途的情形下，通过留白地块，待条件时机成熟后再进行用途转换。二是注重对土地进行混合利用。对"白色用地"的土地用途细化为主导、附属以及混合用途等类型，体现一体化的开发理念。允许商业、居住等多种类型的项目混合发展，并允许同一栋建筑兼混合用途。三是允许用途转换。政府事先在招标技术文件中固化多项重要指标，但允许开发商在不违反招标合同的规定范围

内，视市场需要可自由变更土地用途及功能比例，且无需再为此缴纳土地的溢价。“白色用地”模式注重规划对引导调控和规范作用，以市场资源配置促进土地利用最优化，加大土地一体化综合利用，促进节约集约化发展。

（二）新加坡土地管理经验启示

1. 重视土地利用的过程管理机制构建

目前深圳的土地供应结构中，工业用地占比过高，挤占居住和生活用地。多年来，为扶持工业发展，政府人为压低工业地价，在一定程度上导致土地价格扭曲，造成资源错配，工业用地粗放利用。新加坡关于土地利用的过程管理经验对于完善土地使用机制建设具有重要的参考价值。首先，把好产业用地审核入口关，然后通过管制土地用途、征收高额发展税的经济手段来打击持有环节的囤地、炒地行为，继而通过建立指标考核体系，定期评估土地利用绩效，用市场手段推动企业淘汰机制。构建全链条式的监管和系统化的过程管理机制，有效提高土地利用效率。

2. 规划刚性原则下的土地供给模式创新

“白色用地”模式在坚持规划刚性原则的前提下，用招标技术文件，将功能兼容的土地用途选择与建筑相关指标固化在硬性规定中，使规划刚性调控与土地用途弹性调整的有机集合。“白色用地”的开发模式，赋予了市场更大的灵活性，让市场机制在土地资源的配置中起决定性作用，发挥了市场的自动修正与动态调节机制，利用市场来发现并决定“白色用地”使用价值最大化。此外，土地一体化的综合开发利用，以及土地用途的弹性调整，对深圳当前存量土地再开发利用模式的创新具有一定的借鉴价值。

三、纽约经验借鉴

纽约市是美国第一大城市，也是世界的金融中心之一。全市由五个区组成，总面积468.9平方英里，陆地面积占304.8平方英里。其中，曼哈顿区面积约24平方英里，布朗克斯区面积约44平方英里，布鲁克林区面积约82平方英里，皇后区面积约112平方英里，斯塔滕岛面积约60平方英里。截至2017年，人口约851万人，人口密度较高。

（一）纽约土地管理制度的亮点

20世纪90年代以来，纽约土地管理最重要举措是通过实施“精明增长”的城市发展战略，提高土地的集约化利用。“精明增长”战略的基本理念是城市实行紧凑发展，土地需求应与区域整体生态系统保持协调均衡发展。在“精明增长”战略的指导下，纽约在提高土地利用效率方面采取了四项主要措施：即建设复合功能社区；形成以城市公共交通为主导的土地利用模式；加强废弃土地（褐色土地）的再开发利用；通过城市组团式发展来减少用地的外延扩展（如图8－3所示）。

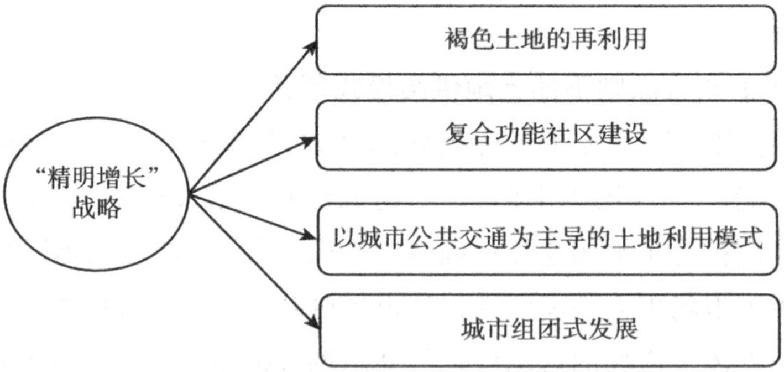

图8－3　纽约市“精明增长”战略提高土地利用效率的主要措施

1. 对城市褐色土地的再利用

褐色土地是指20世纪90年代以来由于制造业的衰退造成纽约市出现的常年废弃的工厂。在集约化“精明增长”战略的指导下，纽约通过引进新能源生产等多种方式对褐色土地进行再开发利用。在保留原有土地的风貌基础上，采取混合利用的方式进行居住、商业和艺术空间的再开发，或直接将新能源生产厂家引入。例如，对伯利恒钢铁公司褐色土地的改造和再利用就是一个成功的例子。

2. 倡导复合功能区建设提高土地利用强度

纽约摒弃单一功能区规划优先的发展理念，倡导集工作、生活和娱乐为一体的复合功能区建设。纽约通过大力改造原有的单一功能区，形成多个工作区生活化和生活区娱乐化的复合式功能区。

3. 形成以公共交通主导的城市土地利用模式

"精明增长"战略强调发展公共交通为主导的土地利用模式，促进城市土地的集约利用，提高郊区住宅用地利用率。自 20 世纪 90 年代以来，纽约大力进行地铁设施建设，地铁在线路里程、车站数量以及乘客量均位于世界城市前列，缓解了交通的拥堵，极大地舒缓了城市人口向中心区集聚。

4. 组团式发展来提高土地集约利用

纽约把组团式发展的理念放在城市发展的优先地位，与相邻的波士顿、费城等城市形成组团式发展战略。此举既避免了纽约的无限制扩展和浪费用地，又通过整合城市间的产业优势，促进资源的互补、产业的协作以及规模效应，实现了城市群内部的多元化产业群落。

（二）纽约土地管理经验启示

1. 通过功能再造实现对旧工业区、旧物业等存量土地的盘活利用

纽约对城市褐色土地的再利用和功能再造，对深圳探索创新存量土地再利用模式具有一定的启发。目前，深圳大面积的旧工业区和旧物业多建于 20 世纪八九十年代，普遍陈旧老化，配套设施不全，与市场需求不匹配，造成土地利用率低下和土地闲置等问题。政府应转换发展思维，充分挖掘土地的历史价值和文化价值，侧重于培育引入文创旅游、艺术设计、新一代信息技术和柔性智能制造等新兴特色产业，完善相关配套设施，通过功能再造来盘活旧工业区、旧物业等存量土地。

2. 推行组团式发展战略，避免城市无限扩张带来的资源浪费

纽约及周边城市的组团式发展，减少了盲目扩张，对于我国“摊大饼式”的城市发展模式具有重要的借鉴意义。当前，深圳面临土地空间稀缺的硬性约束，为缓解人口增长和经济社会发展带来的竞争性的用地矛盾，可与粤港澳大湾区其他城市采取组团式发展战略，形成产业的地区协同发展，和资源的互补利用。通过优化深圳的产业布局，释放出更多的工业用地，来提升居住用地供给，既改善了土地的利用结构，又进一步带动深圳与周边城市的土地集约利用和产业的协调发展。

四、中国香港（地区）经验借鉴

香港目前土地面积为1104平方公里，包括通过填海的方式得到的建设用地。回归后，香港全部土地归国家所有，由香港特区政府代为管理。香港人口密度位居全球前列，2017年人口密度达到7039人/平方公里。香港的土地开发强度约为23%左右，土地开发强度较低。香港土地开发强度较低主要有三方面的原因：一是部分土地属于山地丘陵，土地开发难度大，不适用商业、居住的深度开发；二是约500平方公里的土地属于荒野公园，受法律保护和管控，不得进行开发；三是房地产是香港重要的支柱产业之一，香港特区政府基于稳定房价和土地出让金收入最大化等多方面因素的考虑，通常会控制土地供给规模与速度。

土地出让金是香港特区政府重要的财政收入来源。统计数据表明，1971年至1997年，香港特区政府的土地出让收入累计达2554亿元，占同期财政总收入的比重达13.5%。自2000年以来，土地出让收入仍是香港特区政府财政收入的重要来源，2017年香港土地收入达到历史新高，接近1300亿元。截至2018年，香港土地出让金累计高达7150亿元，土地单价达23.19万元/平方米（如表8-1所示）。

表 8-1　　2000—2018 年香港特区土地出让面积及收入一览表

时间	土地面积（平方米）	土地出让金（万元）
2000 年	235260	1461739
2001 年	85695	268990
2002 年	53909.6	376500
2003 年	20333.7	58729
2004 年	72477.7	1888986
2005 年	37667.2	1249326
2006 年	34197	706350
2007 年	156550	3310278
2008 年	25331.9	107268
2009 年	46355.5	1107597
2010 年	152444.8	4524541
2011 年	259884.2	6270067
2012 年	296621.1	4506954
2013 年	384065	6499156
2014 年	368868.2	5169105
2015 年	209230.5	4488170
2016 年	366059.2	8475405
2017 年	132463	12915977
2018 年	146229.7	8113899

数据来源：根据香港特区政府公开数据整理得到。

（一）香港特区土地管理制度的亮点

1. 土地权属界定清晰，法律制度完备

香港的土地使用制度为土地租用制度，沿袭港英政府统治时期的土地批租制，即只出租不买断。除圣约翰大教堂永久业权特例外，香港特

区政府对全港土地拥有最终业权。在租用土地时，需要与政府签订包含详细批地条款的土地租契并支付地价。香港的土地出让方式主要有四种：招标、拍卖、私人协议以及临时出租。值得一提的是，香港的协议用地仅适用于公益事业用地，区别于国内的行政划拨的方式，而国内的协议出让更多的是商业性质用地。香港法治体系健全，围绕土地管理等制定有土地征收、土地业权抵押和转让和土地注册等一系列完备的配套制度。由于港英政府在殖民统治时期对香港土地权属进行了全面的登记整理，香港所有土地的权属都有比较清晰的界定，政府严格保护私有产权。

2. 贴近市场的“勾地”制度

自亚洲金融危机之后，香港土地市场连年不振，2003 年土地市场出让收入仅 5.87 亿元，降至历史最低点，香港特区政府适时推出了“勾地”制度。香港特区政府在前期市场调研了解土地市场需求后，定期向市场公开《可供申请售卖土地一览表》，即俗称的“勾地表”。在制定勾地表时，政府会附加特别条款，详细规定该地块的用途、规划和建筑条件等开发要求。有意购买地块的意向人默认为接受政府开发条件，可以向政府提出“勾地”申请，并报出底价。如勾地申请的底价达到政府意向底价，则该地块按规定勾出，在规定期限内进行拍卖，由出价高者得。提出勾地申请的意向人必须参加竞拍，且报价不能低于申请底价。为防止流拍，参与勾地的意向人还需缴纳保证金。拍卖时如果没有达到政府意向地价，政府可收回土地再行拍卖。

3. 设立土地审裁处，专门解决土地纠纷事件

香港设有专门的土地审裁处来处理土地纠纷事件，加强土地纠纷处理的专业性与技术性，业务领域涵盖所有的土地纠纷。土地审裁处具有司法独立性，与高等法院的原讼法庭具有同等权力，对土地价格的裁决具有终极效力。土地审裁处的裁决具有程序简单、诉讼费较低且效率较高的特点，为解决香港的土地纠纷问题发挥了重要作用。香港很少发生因土地征用而导致上访等社会事件，土地纠纷问题在司法框架下都能得到合理解决。

4. 行之有效的土地征收和补偿制度

港英政府于1889年制定《土地征收条例》，目前香港拥有完善的土地征收的成文法和判例法。香港土地征收主要有三种方式：一是政府为公共利益目的修建政府工程，依据《收回土地条例》等法律实施的土地征收；二是为私人重新发展业权分散的旧物业，依据《土地（为重新发展而强制售卖）条例》而实施的强制征收土地；三是特殊时期对新界原居民的土地采取“换地权益书”的方式进行征收，此种方式在香港回归后已经终结。对于前两种方式，香港特区政府严格按照法定的程序依法实施土地征收，确保土地被征收的当事人能得到市场价格标准的赔偿金。对于第一种方式，如果双方有争议，可以提交土地审裁处就赔偿金做出裁决，还可诉诸法律途径上述直至终审。对于第二种情况，政府强调协商机制的运用，要求双方是在公平和合理的基础下尽量通过相互协商来对补偿金达成协议，强化公众参与性。在大多数情况下，不必启动强制售卖程序。香港特区政府通过制定一套有效的机制，从而确保土地征收和补偿机制的公平性和合理性。

（二）香港特区土地管理经验启示

1. 土地产权清晰，没有历史遗留问题

由于历史沿革的缘故，香港土地不存在因权属不清晰而导致的历史遗留问题，加之完备的土地法律体系，形成了高度发达的市场化运行机制，提升了土地的高效利用。深圳市当前面临的一系列土地历史遗留问题，根源在于特定制度环境下造成的土地产权模糊状态，限制了土地资源的规范流转，加剧了存量土地的开发利用难度。因此，首先厘清复杂的土地权益关系，是盘活利用存量土地的前提条件。

2. 完善的市场化出让机制，优化土地要素资源配置

“勾地”制度有利于土地使用者形成清晰、透明和稳定的市场预期，土地使用者可以根据需要选择合适的土地，通过向政府申报价格要约，避免了政府对土地定价的片面性，更多地体现了土地真实的市场价格。此外，土地供应信息的透明以及买家的公开竞争更有利于土地的优化配置，提升土地的利用效率。

3. 探索建立土地纠纷的多元解决机制

土地如果存在权属纠纷，则会导致久拖不决，影响土地的开发利用。对比借鉴香港的成功经验，可探索建立适合当前国情的土地纠纷的调解、仲裁和司法机制，强化问题解决机制的专业性与技术性，以较强的公信力来处理土地纠纷事件，引导土地纠纷事情通过法律途径解决。

4. 建立公平合理的土地征收利益补偿机制

土地征收若要在公共利益和产权保护之间取得平衡，关键在于建立公平合理的利益补偿机制。香港特区政府通过对受到土地征收影响的当事人提供市价基准的合理补偿，有助于缓解政府与利益主体之间的利益矛盾，推动了香港城市开发与土地征收的有序进行。此外，特区政府通过协商机制介入，强化公众参与，促使双方当事人进行有诚意的谈判，对减少补偿金的争议和诉讼，具有重要的借鉴价值。

第三节　突破现有制度约束的可能路径

任何一项制度的产生都是特定经济社会发展阶段下的产物，脱离具体的历史情境去认识和理解制度的形成是没有意义的。当前，土地问题日益成为制约深圳经济社会高质量发展的瓶颈。如何通过进一步深化土地制度改革，推动存量土地利用模式创新，破除土地资源困境，并为城市化发展提供可借鉴的样本示范，成为摆在深圳面前亟待破解的重要命题。

2020 年 10 月中共中央办公厅、国务院办公厅印发了《深圳建设中国特色社会主义先行示范区综合改革试点实施方案（2020—2025年）》，明确提出：支持深圳在土地管理制度上深化探索，更高起点、更高层次、更高目标上推进土地制度改革。具体包括，将国务院可以授权的永久基本农田以外的农用地转为建设用地审批事项委托深圳市政府批准。支持在符合国土空间规划要求的前提下，推进二三产业混合用地。支持盘活利用存量工业用地，探索解决规划调整、土地供应、收益分配、历史遗留用地问题。探索利用存量建设用地进行开发建设的市场化机制，完善闲置土地使用权收回机制等。

以助推深圳建设粤港澳大湾区和中国特色社会主义先行示范区为契机，本书认为，深圳土地制度改革应着重从以下方面加强创新探索：一是明晰产权，以确权促进土地规范流转。如：建立动态完善的产权登记平台；加强政策法规的连续性与稳定性；适时调整城市更新项目的准入门槛；加强对低效用地的土地整备。二是完善机制，充分发挥市场配置力量。如：转变政府职能；放松工业用地价格与用途管制；优化违法用地入市机制；构建土地利用的过程管理机制。三是利益共享，构建增值分配公平机制。如：树立以人为本的理念；明晰土地增值收益分配的权利边界；完善多元化分配方式；探索土地权属纠纷的多元化解决机制。四是简政放权，完善土地相关法律法规。如：坚持在实践创新中发展完善；应把握经济社会发展的关键节点适时推出；应坚持顶层设计，统筹协调推进。

一、明晰产权，以确权促土地规范流转

目前，深圳大量的土地历史遗留问题尚未得到解决，根源在于土地的模糊产权状态，以及由此引发的权属争议。政府虽拥有土地的所有权，但原村民及集体经济组织却控制着“法外使用权”，因而使得该部分存量土地无法得到有效利用，陷入“政府拿不走、原村民用不好、市场难作为”的困境之中，呈现出明显的外部不经济，阻碍了土地要

素的规范有序流转，妨碍经济社会的高质量发展。受市域面积较小，开发利用强度高的约束，深圳唯有通过建立统一规范的、运作良好的、交易成本较低的土地市场机制体制，才能进一步优化土地资源的配置效率。因此，产权清晰化是盘活存量土地，推动存量土地再开发利用的先决条件。厘清土地权属关系，去除产权模糊状态，在与之相关的土地用途、使用期限、开发强度、流转条件、利益分配等方面进行清晰合理界定，是提高土地要素市场化配置效率的内在要求。

此外，深圳的违法建筑承载着大量的人口和经济活动，为经济社会发展提供了居住和产业空间支撑，在降低生产与生活成本，以及保持城市竞争力等方面发挥了重要作用。如果政府对所有的违法建筑进行全面强制拆除，会造成难以承受的社会风险。因而，土地确权工作既不能操之过急，更不能脱离现实基础，而应该基于已有的探索与实践经验，不断优化和调整土地政策。政府应着重从以下几方面来加快推进土地确权工作。

（一）建立动态完善的产权登记平台

加强土地权属关系的梳理与登记，完善土地产权登记平台，加快确权颁证工作。以原农村集体经济组织（股份合作公司）为抓手，厘清土地的权利主体、附着物及流转交易等历史沿革与现状，明确土地权属关系，对接不动产登记等管理系统，建立动态完善全市统一的产权登记平台。

（二）加强政策法规的连续性和稳定性

为盘活存量土地和低效用地，深圳先后出台了一系列的政策法规，但在政策法规的连续性和稳定性等方面，仍有待加强体系化构建。为避免因政策调整可能会导致土地问题的加剧，应事先做好新政策实施之前的影响评估，把握好政策实施推进的时间节点，尽可能地保持政策法规的稳定性，加强新旧土地政策的衔接性和连续性。

（三）适时调整城市更新项目的准入门槛

深圳最早出台的政策以100%合法用地为项目准入条件，但因违法用地占比过高，导致城市更新整体实施进展不大。之后，政策有所松动，具备70%的合法用地占比即可申报项目更新，待项目完成时再达到全部合法即可。2012 年进一步调整政策，规定只要项目申请方将 20%的违法用地无偿交给政府，此外再拿出余下可开发土地的 15%用作公共设施配套，即可申请进入城市更新。上述政策的调整放宽推动了城市更新的发展。但随后 2014 年出台的新政策，规定城市更新单元中拆除范围内权属清晰的合法土地面积占拆除用地面积的比例不低于 60%，客观上提高了准入门槛，限制了城市更新的项目申报。因此，政府应在已有的政策储备和实践经验基础上，适时调整并降低城市更新项目的准入门槛，允许更高比例的违法用地经由城市更新项目转化为合法用地。

（四）加强对低效用地的土地整备

目前，深圳的存量土地中仍然存在着布局散乱、利用粗放、设施落后、用途不合理等低效利用情况。盘活大量权属关系复杂，但符合规划的碎片化土地，具有潜在的开发利用价值。以原农村集体社区为对象进行成片规划并统筹实施土地整备，采取区别化、精细化方式，一揽子解决社区转型发展、土地权属关系复杂、土地分散零碎、规划实施难度大等全局性问题，将有助于进一步提升存量土地的利用效率和效益水平。

二、完善机制，充分发挥市场配置力量

十八届三中全会《中共中央关于全面深化改革若干重大问题的决定》指出，建设开放统一、竞争有序的市场体系，是使市场在资源配

置中起决定性作用的基础。由于土地性质的特殊性，相比于其他生产要素，土地资源的配置受到政府更多的行政管制。当前，深圳土地资源配置效率较低的原因，既有土地利用方式粗放，历史遗留问题等方面的制约，更在于土地管理的制度设计层面计划色彩浓厚，市场配置作用受到较大限制等。为深化土地要素市场化改革，政府应进一步转变自身职能定位，侧重于弥补市场缺陷，而非取代市场的决定性作用，着力破除阻碍要素自由流动的体制机制障碍，让市场来决定土地的最佳用途。政府具体应从以下几方面来完善土地要素的市场化配置机制。

（一）转变政府职能，处理好政府与市场的关系

进一步完善土地的资源配置方式，一方面，减少政府对土地资源的直接配置，政府应主要侧重于通过空间规划引导、土地用途管制、土地交易平台搭建以及土地利益分配机制构建等方式，来加强对土地资源利用的宏观调控，保障公共利益的实现。另一方面，政府应尊重市场经济规律，逐步剥离土地经营职能，使市场机制在土地的资源配置领域发挥决定性作用，完善土地流转、土地增值收益分配等相关领域的市场化配置方式。

（二）放松工业用地价格与用途管制，增强土地供给弹性

一方面，由于倾斜发展工业，人为压低工业用地地价，导致土地价格扭曲，刺激需求虚高，造成土地利用结构不合理。用地主体也会因拿地成本较低，集约节约用地动机不足，还容易导致转让寻租等短期行为，带来土地的低效利用。另一方面，对土地用途改造和市场流转等方面的不当管制，难以按照市场需求进行有效配置。因此，在当前土地空间的硬约束背景下，放松土地用途管制，深化市场机制，使土地在工业、商服、住宅等用途之间进行弹性转换，提高已有工业用地的容积率，通过工业用地的功能更新和规范流转，从而有效推动资源重组，为城市的升级与发展提供强大支撑。

（三）创新土地利用模式，优化违法用地入市机制

以新一轮土地管理制度改革为指引，在前期城市更新、土地整备、原集体土地使用权入市等制度试验的基础上，加强政府引导和市场化运作的存量土地利用模式的创新，建立规范可操作的运行规则。通过构建多元化的利益共享机制，适时调整违法用地的入市门槛，继续加大违法用地入市的试点试验，探索各类用地不同权益的市场化实现形式，实现市场主体地位平等，建立开放统一、竞争有序、流转规范的土地市场体系。发展并完善土地租赁、转让、抵押二级市场，进一步优化土地要素配置的市场化机制。

（四）完善税费制度，构建土地利用的过程管理机制

为提高土地利用效率，释放土地供给空间，应进一步完善相关税费制度设计，探索市场主导的土地退出模式。通过对土地保有、流转及收益环节的税费制度的整体设计和系统改革，构建土地利用的全链条式监管和过程管理机制。通过增强课税弹性和收费灵活度，提高土地保有环节成本，辅以合理约束开发时限，建立闲置土地回收处置长效机制，从而进一步盘活闲置存量用地，抑制囤地炒地等行为。在流转环节降低税率，加快土地流转，提升土地资源的配置效率。在流转收益环节，注重调节土地增值收益的再分配，体现公平目标，兼顾公共利益导向。

三、利益共享，构建增值分配公平机制

政府与原村民基于不同的利益诉求而导致的土地利益冲突，构成了深圳土地制度变迁的推动力。随着当前土地的资产价值逐步显现，并在社会财富分配中占据了举足轻重的地位。土地制度及政策的变化必然会带来经济利益的调整和再分配，因此博弈的焦点主要是关于土地增值收益的分配，而核心问题是城市土地的价值增值来源。目前，学术界普遍认同土地价值“涨价归公”的说法，即除部分源于土地使用者或经营

者通过追加投资等方式，提高了土地生产力外，土地的价值增加主要来自政府公共行为带来的正外部性，如经济发展水平提高引起的普遍性的土地增值，基础设施与公共服务改善导致的土地增值，土地利用效率提高或供需关系转变引起的土地增值等。因此，基于土地价值的来源可以进行相应的分配，如因原村民（开发商等）投资土地产生的价值主要归其所有，因拥有产权带来的价值应当归权属主体所有，因城市发展、人口增加等外部原因产生的价值应“涨价归公”。然而，由于各利益主体拥有的土地权利地位不对等，使得土地增值收益分配方案在实践中往往难以满足各方的利益诉求，从而陷入低效率的博弈困境。

纵观深圳的土地制度改革历程，对原农村集体土地的规制与利用始终是土地政策演进的核心主线。例如，建市初期即对原农村集体土地利用进行规范引导，先后两次推进集体土地国有化改革，围绕历史违法用地与违法建筑制定系列查违政策，启动以盘活存量用地为主线的土地管理制度改革。此外，深圳的存量土地开发利用政策方面也尽可能地体现了利益共享分配的理念。对于功能改变类更新项目、拆除重建类工业区等分门别类，均施行了较为优惠的政策。然而，由于客观上存在复杂的利益博弈关系，分配方式不尽合理，以及利益分享难以达成共识等原因，导致当前大量存量用地再开发利用的效果并不理想。因此，政府应着眼于从公平与效率兼顾，利益与激励相容的角度，来构建具有可持续性的土地增值收益多元共享机制。

（一）树立以人为本理念，切实保障相关主体的土地权益

对土地收益分配调节方式、土地财税等进行制度创新，在切实保护各利益主体合法权益的基础上，尊重其话语权和谈判权，使其享有土地再开发利用全过程的参与权和监督权，共享土地性质变更、用途转换以及规划调整所带来的土地增值收益。政府应把握好利益分配的平衡点，实现土地再开发与经济、社会和环境效益的协调发展，构建激励相容的分配实现机制。

（二）以土地确权为抓手，明晰土地增值收益分配的权利边界

土地权属清晰是合理构建土地增值收益分配机制的前提。政府应本着尊重历史，实事求是和符合规划的原则，结合房地分离的现状，灵活处理开发与确权的关系，对不同情形下形成的历史遗留问题进行分类处理。进一步探索依现状明晰产权和再开发利益共享的并行实施方式来推动产权的明晰，加快推进土地的确权颁证工作，明晰收益分配的权利边界，统筹兼顾土地权利主体的合法权益，探索政府与土地权利人共享土地增值收益的分配模式，从而构建公平合理的土地增值收益共享机制。

（三）完善多元化分配方式，优化分配结构

充分考虑土地对原村民承担的生产资料和社会保障的双重功能，将短期利益与长期利益统筹考虑，除货币补偿外，探索土地返还、规划调整、物业分成、土地入股等多元化的分配组合模式。进一步优化分配结构，结合资产分配与资本分配，注重跨期分配，促进土地增值收益分配的可持续性，切实保障土地权利人的长远生计。

（四）建立土地权属纠纷的多元化解决机制

借鉴香港的土地审裁处和英国的土地开发上诉制度等有益经验，探索设置市、区两级土地权属争议调解机构，强化行政调解能力和市级层面的监管机制。建立健全土地民事纠纷的仲裁机制和司法解决机制，受理土地权属、征地补偿、安置补偿等各类土地争议，强化土地问题司法处理力度，构建土地权属纠纷的多元化解决机制。

四、简政放权，完善土地相关法律法规

土地制度对一个国家的社会稳定、经济发展至关重要。土地制度改革必然是一个政府在实践探索中不断试错，并逐步完善的发展过程。在

中国社会由计划经济向市场经济转型的历史背景下，政府职能的转变构成了制度变迁的重要内容。政府既是土地制度强制性变迁的发轫者，又是土地制度的唯一供给者，因而成为推动土地制度变革的关键力量。正如奥尔森所强调的，强化市场型政府乃经济发展之根本。经济繁荣有两个必要条件，即清晰界定的产权，以及产权要得到良好的保护，不存在任何形式的掠夺。因此，对于转型中国而言，核心问题是如何处理好政府与市场的关系，厘清政府与市场的边界。政府一方面应侧重于产权制度等宏观规则方面的制定和制度创新，尽可能地拓展制度选择空间，避免制度供给不足。另一方面，政府介入土地的资源配置是为了弥补市场缺陷，而非取代市场的决定性作用。政府应明确自身定位，适时选择简政放权，通过完善法律法规来进一步健全土地市场体系，更多地依靠市场机制来解决土地资源的配置问题。政府在制定和完善土地法律法规时应兼顾以下几方面：

（一）应符合国情，坚持在创新实践中发展完善

在制度建设方面，既不能陷入纯粹的理论探讨而忽视实践经验，也不能完全迷信国际经验而忽视国情背景，而应该本着尊重历史和现状，着眼于解决实际问题为出发点，在理顺土地问题及其历史成因的基础上，立足于总结实践经验，构建具有可操作性的，并植根于现实的制度与政策，在创新实践中不断推动土地制度的构建完善。

（二）应把握经济社会发展的关键节点适时推出

在不同的发展阶段，土地制度供给的侧重点要顺势而为，满足经济社会对土地的需求变化。例如，在工业化和城市化早期发展阶段，土地制度变革的重点应是合理运用土地征收制度，优先保证工业化、城市化的快速发展需求，在资金和土地要素供给上提供支撑。而在当前工业化和城市化的成熟阶段，则一方面要注重对土地集约节约利用的规范引导，注重发展的可持续性。另一方面，平衡利益主体的合法权益，构建

土地增值收益分配的公平机制，推动深度城市化发展。政府应把握经济社会发展的关键节点，适时推出法律法规才能取得预期效果。

（三）应坚持顶层设计，统筹协调推进

制度总是镶嵌在特定制度环境之中，一项制度的实施需要与之契合的其他配套制度，如果与制度环境不相适应，则会导致激励与约束机制失灵，带来制度绩效与预期不符。因此，应立足于系统地构建土地制度体系，既要坚持宏观的顶层设计，又要考虑配套政策措施的支撑与联动。土地相关法律法规的具体制定实施，要契合人口、经济、社会发展环境的变化，注重与金融制度、财税制度、社会保障制度等统筹协调推进，提升土地制度变革的整体绩效水平。

第四节　本章小结

任何一项制度都是特定经济社会发展阶段下的产物，必然具有一定的历史局限性，深圳土地制度亦然。基于构建的“环境—行为—绩效”理论分析框架，在前文对深圳土地制度演变历程中的制度环境、主体行为选择和制度实施绩效分别展开相关研究，以及梳理土地制度现存问题的历史成因的基础上，本章主要探讨了现行土地制度主要问题的制度原因，通过比较借鉴国内外典型地区的土地制度经验和做法，进一步探寻突破现有制度约束的可能路径。

深圳现行土地制度下土地问题主要表现为土地产权不够明晰、资源配置方式较低效以及土地增值收益分配不公平等。其中，由于特殊历史原因造成的土地产权模糊状态，导致部分存量土地产权长期缺乏清晰界定，呈现明显的外部不经济。资源配置方式较低效主要受土地产权不清晰，以及政府对土地资源的直接配置等因素影响，具体表现在：一是土

地产出水平不高，区域差异明显；二是土地利用方式不合理，工业用地效益低下；三是存量用地再开发利用困难等。而导致土地增值收益分配不公平的主要原因，一方面在于城乡二元的土地制度，以及“先国有化、后市场化”的制度设计，不利于保障原村民的土地权益。另一方面在于政府的直接主导参与弱化了土地要素的市场化配置作用，缺乏稳定持续的收入方式支撑，不利于形成公平合理的土地增值收益分配模式。

站在全球视角，通过对比审视英国、新加坡、纽约、香港的土地制度安排，将有助于全面科学地认识深圳土地制度，加强对典型地区成功经验和做法的学习借鉴。比如，在土地开发方面，新加坡的“白色用地”模式，纽约的“精明增长”战略，以及英国的存量土地再开发机制等。香港土地转让的“勾地”制度，新加坡的过程管理机制，英国的土地保有税，注重运用市场机制和税收机制来充分发挥市场配置作用，提高土地利用效率。香港设立土地审裁处，搭建公平合理的土地征收利益补偿机制，以及英国在土地规划与供给方面的公众参与监督机制，均有助于土地权属纠纷的合理解决。此外，上述地区均拥有完备的土地法律体系，土地产权界定清晰，没有历史遗留问题。

在研究深圳现行土地制度中存在问题的基础上，本书提出从明晰产权、完善机制、利益共享、简政放权等方面来探寻突破现有制度约束的创新发展路径：一是明晰产权，以确权促进土地规范流转。政府应着重从以下几方面来加快推进土地确权工作：建立动态完善的产权登记平台；加强政策法规的连续性与稳定性；适时调整城市更新项目的准入门槛；加强对低效用地的土地整备。二是完善机制，充分发挥市场配置力量。政府具体应从以下几方面来不断完善土地要素的市场化配置机制：转变政府职能，处理好政府与市场的关系；放松工业用地价格与用途管制，增强土地供给弹性；创新政府引导和市场运作模式，优化违法用地入市机制；完善税费制度，构建土地利用的过程管理机制。三是利益共享，构建增值分配公平机制。政府应从以下几方面来构建公平与可持续性的土地增值收益共享机制：树立以人为本的理念，切实保障相关利益主体权益；以土地确权为抓手，明晰土地增值收益分配的权利边界；完善多元化分配方式，优化分配结构；探索建立土地权属纠纷的多元化解决机制。四是简政放权，完善土地相关法律法规。政府在制定和完善土地法律法规时应统筹兼顾以下几方面：应符合国情，坚持在实践创新中发展完善；应把握经济社会发展的关键节点适时推出；应坚持顶层设计，统筹协调推进。

第九章

研究结论与研究展望

作为中国改革开放的先锋城市，深圳以先行先试率先改革的“政策特权”与城市品格，突破僵化的传统计划经济体制束缚与传统意识形态的桎梏，在土地制度改革方面进行了前所未有的探索与创新，在中国土地制度变迁的现代史中，书写了具有历史意义的篇章。纵观深圳土地制度变迁的历史进程，其变革频率之高、方式之独特、内容之丰富都是其他城市所无法比拟的。深圳土地制度改革不仅为建立适合中国国情的制度变迁理论提供了宝贵的研究素材，同时也在中国社会制度变迁中为全国提供了可资借鉴、可复制的经验与模式。本章将对全书进行系统的回顾和总结，阐明主要研究结论，指出研究存在的不足之处，并对进一步的拓展研究进行展望。

第一节 研究结论

本书开展了如下研究工作：一是在文献梳理基础上，从包含结构与时间因素的制度环境视角出发，构建一个基于“环境—行为—绩效”的理论分析框架。从制度环境、主体行为、制度绩效深入研究深圳土地制度变迁的起因、过程和成效不同的演进逻辑。阐明深圳土地制度变迁中制度环境与制度的耦合关系，分析行动主体的利益博弈推动制度变迁的过程，并对土地制度变迁进行了绩效评价。二是从历史角度全面梳理回顾深圳土地制度的演变脉络。根据历史发展的关键节点和制度成效对深圳土地制度演变历程进行阶段划分，试图呈现深圳土地制度演进的“真实过程”，对不同阶段深圳土地制度形成的历史背景、主要政策、制度变革及实践效果进行细致分析，理解深圳土地制度生发、演进的内在机理，总结土地制度变迁的演进逻辑和总体特征。三是探讨深圳现行土地制度存在的主要问题以及创新发展路径。剖析土地问题的历史成因和制度原因，在对比借鉴英国、新加坡、纽约、香港等典型地区经验做法的基础上，从明晰产权、完善机制、利益共享、简政放权等方面，进一步探寻突破现有制度约束的创新发展路径。

基于上述研究基础，本书得出以下主要结论。

一、深圳土地制度变迁是特定制度环境约束下的产物

深圳土地制度变迁是在改革开放和中央赋予率先改革“政策特权”的制度环境下，由特区政府先行先试主导推动下的强制性变迁，制度的时空扩散具有明显的渐进式特征。受土地国有意识形态以及制度环境变化的影响，土地制度变迁表现出明显的路径依赖性，然而相关利益主体的选择行为在不断发生改变，因而使得土地制度安排表现出不同的制度绩效。

（一）深圳土地制度是在特定的政治、经济和社会环境以及意识形态的外在约束下形成的产物

作为中国社会从计划经济向市场经济转型的改革试验田、排头兵和先行地，深圳率先开始了具有历史意义的土地制度的改革。特区初创之时，深圳充分运用先行先试率先改革的“政策特权”，不断谋求扩大制度改革的空间，营造了有利于突破僵化体制机制的意识形态氛围，构建有利于土地制度创新的良好环境。1979 年国务院颁布《中外合资经营企业法》，城市土地所有权与使用权合一的坚冰开始松动。1982 年《深圳经济特区土地管理暂行规定》出台，首次对客商独资或合资企业用地的土地使用年限和土地使用费做出规定。两者都为深圳探索土地有偿使用奠定了制度基础。深圳学习借鉴香港土地批租经验，在坚持土地所有制不变的基础上，通过“出租”土地、合作开发以及委托成片开发等方式进行土地有偿使用的试验，尝试“向土地要资金”，激活了土地要素的经济价值。在这一时期围绕土地是否是商品，国有土地的使用权能否出租等问题，在意识形态领域存在较大的争议，人们受计划经济时

期思维影响已久，观念一时难以转变。在历史发展的关键节点，特区政府冒着“违宪”的风险，继续推进土地有偿出让的制度试验，直至国有土地使用权有偿出让制度的正式确立，开创了一条以土地为信用基础积累原始资本的道路。在完成资本的原始积累后，制约深圳发展的资源约束由缺钱变成缺地。法律并没有赋予集体土地进入市场的合法通道，客观上造成国有土地和集体土地权能上的不对等，加之国家对建设用地指标、土地用途管制的严格限制，合力催生了深圳集体土地国有化的创新实践。由于受意识形态的影响，以及政策设计与执行的偏差，加剧了房地产权关系的复杂性，导致大量违法建筑和违法用地的出现，由此产生的历史遗留问题影响至今，迫使深圳率先开启城市更新、土地整备等存量土地利用的模式创新和实践探索。

纵观深圳土地制度的整个演变历程，无论是新中国土地拍卖第一槌、“统征”、“统转”，还是城市更新、土地整备等创新举措，都是基于中国社会转型发展的历史背景，以及中央赋予率先改革“政策特权”的制度环境约束之下的产物，制度环境因素构成了理解深圳土地制度变迁不可或缺的历史情境。

（二）深圳土地制度变迁是行动主体在制度环境约束下，基于利益考量的选择行为参与博弈并达至均衡的过程

地方政府扮演着土地管理者和经营者的双重角色，既要考虑土地资源的配置效率，通过制度创新来满足经济社会发展的需求变化，又要考虑制度变革的成本收益，在利益得失方面进行权衡，尤其是伴随土地制度的变革必然带来与之关联的利益调整与分配，因而利益诉求的多元化目标塑造了地方政府复杂的行为逻辑。原村民及集体经济组织作为土地的利益相关者，虽然只能被动接受政府的制度供给，但在是否配合政策上会权衡利益得失，至于选择何种方式来应对政府的制度供给，取决于制度变革的潜在收益是否能满足其利益期望。当制度变革带来的潜在收益令原村民满意时，就能得到有效落实，否则会因原村民的抗争而使制

度安排的执行效果大打折扣。从深圳土地制度变迁的经验来看，主导土地制度变迁的行动主体都是政府，但在不同的历史背景下，原村民的权利意识表现不同，使得制度安排的实施绩效存在明显差异。比如，1992年深圳推进原特区内的集体土地国有化，采取征地补偿金与返还地双补偿制度，加之对涉及原村民重大利益的违法建筑采取较为宽松的处理原则，因而“统征”基本达到了政府推动制度变革的目标。政府既以较小代价征用了集体土地，解决了城市快速发展对土地的迫切需求，同时原村民及集体经济组织的权益也得到了较为充分的保障，因而总体上执行效果较好。2004 年深圳推进原特区外集体土地的国有化，由于受意识形态束缚，加之对市场经济认识不足，在“统转”的顶层制度设计及方案制定过程中，缺少原村民的意愿表达和参与，在具体政策设计与执行方面又出现偏差，低估了原村民利益诉求的负面效应。在土地级差地租飞涨，经济社会环境发生重要变化的情况下，此次转地未得到原村民的普遍认可，为维护自己的土地权益，原村民选择在实际控制的土地上“种房保地”，以增加土地附着物的方式，来阻碍政府对土地的利用，致使双方陷入博弈困境。虽然博弈双方对结果均不满意，但改变这种现状的相对成本和收益制约了双方可能的优化选择。

深圳土地制度变迁是政府和原村民及集体经济组织在制度环境约束下，基于利益考量做出行为选择，参与博弈并最终达至某种均衡的结果。

二、深圳土地制度变迁具有独特的演进历程与多元特征

深圳土地制度经历了初步探索阶段（1979—1991 年）、快速发展阶段（1992—2004 年）、基本形成阶段（2005—2011 年）和调整完善阶段（2012—2020 年）的发展历程，每个阶段均通过制度创新、试验和扩散等方式，产生连续性的、有差异的制度变革，呈现出规律性的多元特征。

（一）深圳土地制度变迁具有独特的演进历程

由于城市自身土地面积的局限性，以及国家顶层制度设计与法律法规对地方土地制度改革的约束，深圳土地制度的演变过程呈现出如下特点：一是由于率先开始土地使用权拍卖和国有土地的有偿使用，从而解决了发展初期的资金约束，在特殊政策支撑下成为助力深圳经济迅速崛起的重要因素；二是由于深圳自身土地面积的局限，客观上率先进行土地制度改革的制度绩效并没有一直成为深圳经济高速发展的资源与制度支撑，土地本身成为了深圳进一步发展的短板与硬约束，但同时又促使了旨在提高现有存量土地利用的另一种改革路径的尝试与探索；三是从整体上来说，尽管深圳作为中国改革开放的先行先试的“政策增长极”率先开始了具有历史意义的土地制度的改革，但相对于其他领域的制度改革，土地制度改革是相对滞后的，并受到更多的制度环境的约束。因此，深圳土地制度变迁总体呈现出利弊与发展相伴相随的绩效特征。此外，深圳土地制度变迁的几个关键节点基本都与深圳经济社会发展历程中的重大事件吻合。比如，深圳早期探索以地生财的土地有偿出让制度，解决特区初创的发展和建设资金匮乏，与1980年经济特区成立的背景非常契合。深圳推动集体土地的国有化，旨在解决城市化和工业化快速发展的用地需求，与1992年具有重大意义的“南方谈话”和党的十四大召开的时间较为契合。启动新一轮土地制度改革，解决城市发展对土地功能转型的新需求，与2012年党的十八大的召开和存量用地供应规模超过新增用地的拐点，以及当前深圳建设中国特色社会主义先行示范区和粤港澳大湾区的时代背景相契合。

由此可见，深圳土地制度变迁过程中的制度供给时机，以及制度变革的每一次路径转换，都与关键节点的重大历史事件等背景环境密切相关。

（二）深圳土地制度变迁兼具强制性、渐进式与路径依赖性等多元特征

作为国家的根本性制度，土地的制度安排和调整更多地采取政府命令和法律法规等形式推进实施，因而制度变迁方式天然的具有“自上而下”的强制性特征。这种强制性的特征呈现，与我国独特的政治体制和历史发展背景有关。基于政治权威和权力地位不对等，土地制度等正式规则的变革必定是以政府主导的方式来推动。由于在制度设计中注入了政府意志，当政府的主导意识形态和制度目标发生改变时，土地制度安排也随之进行调整。相对于激进的制度变革方式，深圳土地制度变迁采取分步骤分阶段的推进方式。在空间维度上，推动国有土地使用权有偿出让制度走出特区扩散到全国，实现了集体土地的国有化由经济特区扩展到全市。在时间维度上，进行密集的制度和政策供给，在不断增加制度累积的过程中，尽可能地保证制度的稳定性与连续性，通过渐进式的制度累增，逐步实现制度变革的目标。此外，深圳土地制度变迁在整体上呈现出明显的路径依赖性。深圳土地制度的初始状态实行典型的城乡二元土地制度，在土地社会主义公有制这一制度底线下，受土地所有权本身所具有的意识形态性影响，加之国有土地与集体土地在权能地位上的不平等，在国有土地独占土地使用权市场准入的制度约束下，深圳土地制度改革始终遵循着“先国有化，再市场化”的资源配置逻辑，从特区内的集体土地“统征”，再到特区外的集体土地“统转”，在自我强化机制作用下，逐步发展成“唯有国有化，才能市场化”的演进路径，而没有从产权层面再进一步进行创新突破。

因此，深圳土地制度变迁兼具强制性、渐进式与路径依赖性等多元特征。

三、深圳土地制度变迁具有重要的历史性贡献

在特殊的历史背景和制度环境下，深圳推动了国有土地使用权有偿

出让的制度变革，奠定我国当前土地制度的基本框架。激活土地的要素价值，揭开了我国土地市场化改革的序幕。率先进行存量土地利用模式的创新探索，为城市化发展提供了可资借鉴的样本示范。

（一）实现国有土地使用权有偿出让的制度变革，奠定我国当前土地制度的基本框架

深圳经济特区成立之后，通过“出租”土地、与外商合作开发土地、以土地估价入股委托成片开发建设等多种形式，尝试“向土地要资金”，进行土地有偿使用的早期试验。继而1987年深圳率先敲响新中国土地拍卖的第一槌，开启了国有土地使用权有偿转让的历史。这一举措直接推动《宪法》《土地管理法》的修改，为国有土地使用权有偿出让制度走出经济特区扩散到全国提供了制度基础，清除了法律障碍。国有土地使用权有偿出让制度的正式确立，奠定了我国当前土地制度的基本框架。开创了以土地为信用基础积累原始资本的道路，对后来中国的财政、金融以及城市化进程等方面，产生了深远的影响。

（二）激活了土地的要素价值，揭开了我国土地市场化改革的序幕

在深圳土地制度变迁的早期阶段，中国正处于传统的计划经济体制向市场经济体制的转型期，国有建设用地实行行政划拨、无偿无限期的使用方式，土地的商品价值没有体现出来。通过土地有偿使用的试验，初步体现了土地要素的经济价值之后，深圳以“敢为天下先”的勇气，勇于突破僵化的传统计划经济体制束缚与意识形态的桎梏，推进土地有偿出让的制度试验，通过引入市场机制，充分激活了土地要素的市场化价值，拉开了我国土地市场化改革的序幕。此后，“招拍挂”与协议出让等市场化方式逐渐取代行政划拨，成为土地资源配置的主要方式，深圳以示范效应继续引领推动着土地的市场化改革，并引发了土地配置理念、方式和调控手段的深刻变革。

（三）率先进行存量土地利用模式创新，为城市化发展提供可资借鉴的样本示范

由于深圳自身土地面积的局限以及受历史遗留问题等制约，目前可供开发的未建用地近于耗尽，深圳率先面临了其他城市正在面临或未来将要面临的问题，土地利用进入以存量土地供应为主的新阶段。客观上，率先进行土地制度改革的制度绩效并没有一直成为深圳经济高速发展的资源与制度支撑，土地本身成为了深圳进一步发展的短板与硬约束，但同时又促使了旨在提高现有土地存量利用的另一种土地改革路径的尝试与探索。为解决城市发展转型对土地功能转换产生的新需求，深圳率先开启了旨在提高现有土地存量使用效率的、以市场为主导的城市更新和以政府为主导的土地整备为典型代表的土地再开发利用模式，对推动城市发展和土地的集约节约利用发挥了重要作用，也成为全国其他城市学习取经的标杆，为城市化发展提供可资借鉴的样本示范。

第二节　研究展望

一、存在的不足

本书从包含结构与时间因素的制度环境视角出发，构建基于“环境—行为—绩效”的理论分析框架，从制度环境、主体行为、制度绩效深入剖析研究深圳土地制度变迁的起因、过程和成效不同的演进逻辑。基于历史角度全面梳理回顾深圳土地制度的演变脉络，总结制度变迁的演进规律和总体特征，进一步探讨了现行土地制度存在的主要问题以及突破路径，对丰富制度变迁理论进行了有益的探索和尝试。但受限于个人能力、历史资料获取途径、主体行为复杂性以及计量研究方法运

用等方面的局限性，研究在以下方面仍存在着不足之处：

（1）深圳土地制度的演进历程兼具复杂性和特殊性，如何构建合理的分析框架，并有机地结合经验史实来进行研究和验证，需要深厚的理论基础和史学功底。本研究涵盖经济学、历史学等多个领域，涉及大量政策文件和历史资料的收集和整理，限于笔者交叉研究能力的不足，并受到研究素材获取途径方面的限制，对深圳土地制度演进过程中的个别历史细节仍有待加强研究。

（2）受限于制度变迁中主体行为逻辑的复杂性，对政府和原村民及集体经济组织的利益诉求与选择行为的研究还有待于进一步的深化拓展。此外，基于研究需要，针对土地利益关联方内部的利益分配和影响机制进行了相对简化的处理，因而给本研究带来一定的局限性。

（3）本书综合运用逻辑分析与历史分析等研究方法，将深圳土地制度变迁置于真实的历史情境之中，通过史论结合来展开研究。鉴于历史数据的可获得性和连续性，以及土地要素对经济和社会发展的隐性贡献，难以完全剥离出来，本研究对制度变迁的绩效评价未采用计量分析方法，而是侧重于通过反映土地利用产出水平的指标体系变化来进行间接评价分析。

二、进一步的讨论

正如制度总是镶嵌在一定的制度环境之中，探讨制度变革必须基于特定的历史条件与社会背景的前提之下展开。深圳的土地制度变迁有其自身的特点，书中多处提及制度环境与主体行为均为形塑土地制度变迁的重要影响因素，但在特定的历史情境约束之下，如何通过机制设计和体制改革，来营造有利于实施土地制度创新发展的良好环境，构建兼顾公平与效率的多元利益共享机制，从而实现相关利益主体的激励相容，形成上下一致的改革共识和动力，并由此来进一步深化推动土地制度的改革。上述问题关乎土地及相关财产等重大利益分配，于国于民可谓兹事体大。因而，步入“深水区”的土地制度改革务必要坚持审慎稳妥地推进和可持续发展的基本原则，既要立足于现实，更应尊重客观规律，进一步加强理论层面的前瞻性与战略性的思考与研究。在坚持土地社会主义公有制的前提下，下一阶段土地制度改革的主线仍将是围绕土地的使用权进行强权赋能，如何在产权制度上实现创新突破，不仅对于深圳乃至整个国家宏观层面的土地制度改革而言，都是一个亟须深入研究与探索的重大命题。

参考文献

[1]［印度］阿马蒂亚·森．以自由看待发展［M］．北京：中国人民大学出版社，2013.

[2]［美］阿瑟·奥肯．平等与效率：重大的抉择［M］．北京：中国社会科学出版社，2013.

[3]［美］巴泽尔．产权的经济分析［M］．上海：上海三联书店，上海人民出版社，1997.

[4]［美］巴泽尔．国家理论：经济权利、法律权利与国家范围［M］．上海：上海财经大学出版社，2006.

[5] 薄一波．若干重大决策与事件的回顾［M］．北京：中共党史出版社，2008.

[6]［美］保罗·皮尔逊．时间中的政治——历史、制度与社会分析［M］．南京：江苏人民出版社，2014（5）.

[7] 北京大学国家发展研究院综合课题组．更新城市的市场之门——深圳市化解土地房屋历史遗留问题的经验研究［J］．国际经济评论，2014(3)：56－71＋5.

[8] 毕宝德．土地经济学［M］．北京：中国人民大学出版社，2011.

[9]［英］庇古．福利经济学［M］．陆民仁译．台北：台湾银行经济研究室，1971：111.

[10] 蔡继明，邝梅．论中国土地制度改革［M］．北京：中国财政经济出版社，2009.

[11] 曹端海．从新加坡土地管理经验谈土地可持续利用［J］．中国国土资源经济，2012（6）：20－23.

[12] 曹正汉．弱者的产权是如何形成的？——中国被征地农民的

“安置要求权”向土地开发权演变的原因［J］. 中国制度变迁的案例研究，2010（10）：17－61.

［13］陈锡文，赵阳，陈剑波，等. 中国农村制度变迁60年［M］. 北京：人民出版社，2009.

［14］程雪阳. 土地发展权与土地增值收益的分配［J］. 法学研究，2014（5）：76－96.

［15］程雪阳. 中国土地制度的反思与变革［D］. 郑州：郑州大学，2012.

［16］程玉龙，柳瑞禹. 土地征收中农民与地方政府的利益博弈分析［J］. 资源开发与市场，2016（2）：196－202.

［17］戴小平，赖伟胜，仝兆远，等. 深圳市存量更新规划实施探索：整村统筹土地整备模式与实务［M］. 北京：中国建筑工业出版社，2019.

［18］党国英. 关于土地制度改革若干难题的讨论［J］. 中国经贸导刊，2010（12）：31－34.

［19］［美］道格拉斯·C. 诺思. 经济史中的结构与变迁［M］. 上海：上海三联书店，上海人民出版社，1994：225.

［20］［美］道格拉斯·C. 诺思. 理解经济变迁过程［M］. 北京：中国人民大学出版社，2013：20.

［21］［美］道格拉斯·C. 诺思. 制度、制度变迁与经济绩效［M］. 上海：格致出版社，上海三联书店，上海人民出版社，2008：1，62.

［22］［美］道格拉斯·C. 诺思，罗伯特·托马斯. 西方世界的兴起［M］. 北京：华夏出版社，2009.

［23］［美］德怀特·希尔德·帕金斯. 中国农业的发展（1368—1968年）［M］. 上海：上海译文出版社，1984.

［24］［美］德隆·阿西莫格鲁，詹姆斯·A. 罗宾逊. 国家为什么会失败［M］. 湖南：湖南科学技术出版社，2015.

［25］邓正来. 哈耶克法律哲学的研究［M］. 北京：法律出版社，2002：286.

［26］董藩，丁宏，陶菲菲. 产地产经济学［M］. 北京：清华大学出

版社，2012.

[27] 段磊，许从强，岳隽．深圳“整村统筹”土地整备改革［M］．北京：中国社会科学出版社，2018.

[28]［美］凡勃伦．有闲阶级论［M］．北京：商务印书馆，1964：149－150.

[29] 樊纲．渐进之路：对经济改革的经济学分析［M］．北京：中国社会科学出版社，1993.

[30] 樊纲．两种改革成本与两种改革方式［J］．经济研究，1993（1）：3－15.

[31] 范华．新加坡白地规划土地管理的经验借鉴与启发［J］．上海国土资源，2015（9）：31－34.

[32] 丰雷，蒋妍，叶剑平．诱致性制度变迁还是强制性制度变迁？——中国农村土地调整的制度演进及地区差异研究［J］．经济研究，2013（6）：4－18.

[33] 付莹．论深圳土地租赁制度的突破性贡献和土地资源短缺时期的创新实践［J］．特区经济，2014（4）：86－88.

[34] 付莹．深圳经济特区有偿使用土地制度变迁及其影响［J］．深圳大学学报（人文社会科学版），2016（4）：26－31.

[35] 付莹．深圳重大改革创新史略（1979—2015）［M］．北京：社会科学文献出版社，2017.

[36] 高国力．新加坡土地管理的特点及借鉴［J］．宏观经济管理，2015（6）：86－88.

[37] 高海燕．20世纪中国土地制度百年变迁的历史考察［J］．浙江大学学报（人文社会科学版），2007（9）：124－133.

[38] 高海燕．二十世纪中国土地制度变迁［M］．北京：法律出版社，2015.

[39] 郭雨松．香港土地制度和土地出让金管理及其借鉴［J］．地方财政研究，2012（5）：76－80.

[40]［英］哈耶克．通往奴役之路［M］．北京：中国社会科学出版

社，1997.

［41］［英］哈耶克．致命的自负［M］．北京：东方出版社，1991：71.

［42］［英］哈耶克．自由秩序原理［M］．北京：生活·读书·新知三联书店，1997：29－30.

［43］［荷兰］何·皮特．谁是中国土地的拥有者：制度变迁、产权和社会冲突［M］．北京：社会科学文献出版社，2014.

［44］何芳，肖宗仁，唐龙．国外土地管理服务理念［J］．中国土地，2008（9）：49－52.

［45］何一鸣，罗必良．产权管制、制度行为与经济绩效——来自中国农业经济体制转轨的证据（1958～2005年）［J］．中国农村经济，2010（10）：6－17.

［46］何一鸣，罗必良．制度变迁理论及其在中国的修正［J］．当代财经，2012（3）：7－15.

［47］何一鸣，罗必良，高少慧．产权管制研究范式及其现实意义——兼对国家理论的进一步思考［J］．社会科学，2014（10）：39－48.

［48］赫尔南多·德·索拖．资本的秘密［M］．北京：华夏出版社，2017.

［49］华生．城市化转型与土地陷阱［M］．北京：东方出版社，2014.

［50］华生．新土改：土地制度改革焦点难点辨析［M］．北京：东方出版社，2015.

［51］黄金初．深圳城市化转地是非之辩［J］．现代城市研究，2006（10）：40－44.

［52］黄凯南．主观博弈论与制度内生演化［J］．经济研究，2010（4）：134－146.

［53］黄少安，孙圣民，宫明波．中国土地产权制度对农业经济增长的影响——对1949—1978年中国大陆农业生产效率的实证分析［J］．中国社会科学，2005（3）：38－47.

［54］黄少安．产权经济学导论［M］．北京：经济科学出版社，2004：157.

[55] 黄少安．关于制度变迁的三个假说及其验证［J］．中国社会科学，2000（4）：37－49.

[56] 黄小虎．新时期中国土地管理研究［M］．北京：当代中国出版社，2006.

[57] 黄祖辉，顾益康，王丽娟，黄宝连．产权视角下中国当前农村土地制度创新的路径研究——以成都为例［J］．经济学家，2012（3）：66－73.

[58] 冀县卿，钱忠好．中国农地产权制度改革40年［J］．农业技术经济，2019（1）：17－24.

[59] 贾康，程瑜，陈龙，等．国有平台、整合分类、权益求平、渐进归一：中国新型城镇化进程中土地制度改革的难题破解路径——基于深圳调研的报告［J］．经济研究参考，2015（21）：46－62.

[60] 蒋省三，刘守英，李青．土地制度改革与国民经济成长［J］．管理世界，2007（9）：1－9.

[61] 康芒斯．制度经济学（上册）［M］．北京：商务印书馆，1962.

[62] 柯武刚，史漫飞．制度经济学——社会秩序与公共政策［M］．北京：商务印书馆，2004：17，87－88.

[63]［美］科斯，诺思，等．制度、契约与组织：从新制度经济学角度的透视［M］．北京：经济科学出版社，2003.

[64] 郎杰燕．中国农村医疗保险制度变迁研究［D］．山西大学，2019.

[65] 李勃，李莉，郭源园．"深港"空间紧邻如何影响深圳经济制度变迁——以深圳土地管理制度变迁为案例［J］．城市发展研究，2015（8）：86－91.

[66] 李凤章．香港土地高效利用的法律经验及其启示［J］．国土资源导刊，2007（6）：73－75.

[67] 林峰．土地征收与补偿：香港的经验［J］．法学，2007（8）：9－18.

[68] 林毅夫．再论制度、技术与中国农业发展［M］．北京：北京大

学出版社，1999.

［69］林毅夫．制度、技术和中国农业发展［M］．上海：上海三联书店，1994.

［70］林毅夫，蔡昉，李周．论中国经济改革的渐进式道路［J］．经济研究，1993（9）：3－11.

［71］林毅夫，蔡昉，李周．中国的奇迹：发展战略与经济改革［M］．上海：上海三联书店，1999.

［72］刘成明，刘芳，尚希雨，等．深圳市土地历史遗留问题处理路径的合理性探讨——基于历史唯物主义视角［J］．广东土地科学，2016（10）：17－21.

［73］刘芳，张宇．深圳市城市更新制度解析——基于产权重构和利益共享视角［J］．城市发展研究，2015（2）：25－30.

［74］刘芳，赵新平，岳隽．快递城市化背景下原农村集体留用地的产权经济学分析——以深圳为例［J］．广东土地科学，2011（4）：6－11.

［75］刘芳，邹霞，姜仁荣．深圳市城市化统征（转）地制度演变历程和解析［J］．国土资源导刊，2011（4）：17－20.

［76］刘圣中．时间中的政治——历史制度主义的制度历史分析［J］．甘肃行政学院学报，2009（4）：108－116.

［77］刘守英．直面中国土地问题［M］．北京：中国发展出版社，2014.

［78］刘守英，周飞舟，邵挺．土地制度改革与转变发展方式［M］．北京：中国发展出版社，2012.

［79］刘愿．深圳农地国有化与城市化陷阱——以新安上合社区为例［J］．经济纵横，2008（1）：111－114.

［80］刘正山．大国地权：中国五千年土地变革史［M］．武汉：华中科技大学出版社，2014.

［81］卢现祥．新制度经济学［M］．武汉：武汉大学出版社，2011.

［82］陆铭．空间的力量：地理、政治与城市发展［M］．上海：格致出版社，上海人民出版社，2017.

［83］罗必良．科斯定理：反思与拓展——兼论中国农地流转制度改

革与选择［J］. 经济研究，2017（11）：178－193.

［84］罗必良. 农村土地制度：变革历程与创新意义［J］. 南方经济，2008（11）：3－11.

［85］罗必良. 罗必良自选集［M］. 广州：中山大学出版社，2015.

［86］罗必良. 中国农业经营制度——理论框架、变迁逻辑及案例解读［M］. 北京：中国农业出版社，2014.

［87］罗必良，何一鸣. 产权管制放松的理论范式与政府行为：广东例证［J］. 改革，2008（7）：78－85.

［88］罗罡辉. 深圳市合法外土地的管理政策变迁研究［M］. 深圳：海天出版社，2014.

［89］［美］罗纳德·H. 科斯. 财产权利与制度变迁——产权学派与新制度学派译文集［M］. 上海：上海三联书店，上海人民出版社，1994.

［90］罗荣渠. 现代化新论——世界与中国的现代化进程［M］. 北京：北京大学出版社，1993：116.

［91］［美］曼瑟尔·奥尔森. 国家的兴衰——经济增长、滞涨和社会僵化［M］. 上海：上海世纪出版集团，2007.

［92］［美］曼瑟尔·奥尔森. 集体行动的逻辑［M］. 上海：上海三联书店，上海人民出版社，1995：29.

［93］［美］曼瑟尔·奥尔森. 权力与繁荣［M］. 上海：上海世纪出版集团，2005.

［94］［奥地利］米塞斯. 人的行为［M］. 上海：上海社会科学院出版社，2015.

［95］聂家荣，李贵才，刘青. 基于认知权利理论的土地权益分配模式变迁研究——以深圳市原农村集体土地为例［J］. 现代城市研究，2015（4）：80－84.

［96］彭涛，魏建. 内生制度变迁理论：阿西莫格鲁、青木昌彦和格雷夫的比较［J］. 经济社会体制比较，2011（2）：126－133.

［97］彭颖，陈雪瑶. 国际大都市提高土地利用效率的经验与启示［J］. 科学发展，2008（7）：80－85.

［98］钱颖一，许成钢，董彦彬．中国的经济改革为什么与众不同——M 型的层级制和非国有部门的进入与扩张［J］．经济社会体制比较，1993（3）：29－40.

［99］钱忠好，牟燕．中国土地市场化改革：制度变迁及其特征分析［J］．农业经济问题，2013（5）：20－26.

［100］［英］乔瓦尼·卡波奇，丹尼尔·凯莱曼，彭号阳，等．关键节点研究：历史制度主义中的理论、叙事和反事实分析［J］．国外理论动态，2017（2）：14－28.

［101］［日］青木昌彦．比较制度分析［M］．上海：上海远东出版社，2001.

［102］深圳房地产年鉴编辑委员会．深圳房地产年鉴［M］．深圳：深圳报业集团出版社，海天出版社（1991－2018）.

［103］深圳经济特区研究会．深圳经济特区改革开放专题史［M］．深圳：海天出版社，2010.

［104］深圳史志办公室．李灏深圳特区访谈录［M］．深圳：海天出版社，2010.

［105］深圳市发展改革委．深圳市土地管理制度改革试点工作情况［J］．中国经贸导刊，2013（7）：12－13.

［106］深圳市国土资源和房产管理局．深圳市国土房产管理改 30 年（1978－2008）［Z］．深圳市国土资源和房产管理局（现规划和国土资源委员会）档案资料，2008.

［107］深圳市人民政府．深圳经济特区土地管理体制改革方案说明［Z］．深圳市档案局：C1－9－0170，1987.

［108］深圳市史志办公室．深圳市大事记：1979～2000 年［M］．深圳：海天出版社，2001.

［109］深圳市统计局，国家统计局深圳调查队．深圳市国民经济和社会发展统计公报（2009－2018）.

［110］深圳市统计局，国家统计局深圳调查队．深圳统计年鉴［M］．北京：中国统计出版社（1991－2019）.

[111] 盛洪．现代制度经济学［M］．北京：中国发展出版社，2009：39.

[112] 石忆邵，彭志宏，陈华杰，等．国际大都市建设用地变化特征、影响因素及对上海的启示［J］．城市规划学刊，2008（11）：32－39.

[113]［南斯拉夫］斯韦托扎尔·平乔维奇．产权经济学——一种关于比较体制的理论［M］．北京：经济科学出版社，1999：4－6.

[114] 施源，林强．深圳土地整备——理论解析与实践经验［M］．北京：中国建筑工业出版社，2020.

[115] 宋国明．英国土地税收制度特征与启示［J］．国土资源情报，2010（7）：31－34.

[116] 苏东斌．当代中国经济思想史断录［M］．北京：社会科学文献出版社，2009.

[117] 苏东斌．中国经济特区的三大历史性贡献［J］．中国经济特区研究，2009（1）：15－17.

[118] 苏东斌，钟若愚．中国经济特区导论［M］．北京：商务印书馆，2010.

[119] 孙圣民．政治过程、制度变迁与经济绩效——以中国大陆土地产权制度变迁为例［D］．山东大学，2007.

[120] 谭术魁，涂姗．征地冲突中利益相关者的博弈分析——以地方政府与失地农民为例［J］．中国土地科学，2009（11）：27－31.

[121] 陶一桃．从特区到自贸区：中国自贸区的特殊使命［J］．政策，2016（6）：57－59.

[122] 陶一桃．经济特区与中国道路［J］．深圳大学学报（人文社会科学版），2010（3）：22－26.

[123] 陶一桃．经济特区与中国制度变迁的路径选择［J］．深圳社会科学，2018（1）：16－24.

[124] 陶一桃．经济文化论［M］．北京：冶金工业出版社，2001.

[125] 陶一桃．深圳经济特区对中国改革开放的历史性贡献［J］．南海学刊，2018（3）：31－36.

［126］陶一桃．深圳印证中国道路［J］．南方论刊，2014（6）：13－15.

［127］陶一桃．中国古代经济思想评述［M］．北京：中国经济出版社，2000.

［128］陶一桃，鲁志国．经济特区与中国道路［M］．北京：社会科学文献出版社，2017.

［129］陶一桃，鲁志国．中国经济特区史论［M］．北京：社会科学文献出版社，2008.

［130］汪丁丁．制度分析基础［M］．北京：中国社会科学文献出版社，2002.

［131］汪晖，陶然．中国土地制度改革难点、突破与政策组合［M］．北京：商务印书馆，2015.

［132］王碧，莫小培．经济特区史［M］．北京：人民出版社，1999.

［133］王皓冰，刘鹏程．城市复兴视角下的棕地转型路径研究［J］．共享与品质——2018 中国城市规划年会论文集，2018.

［134］王如渊．深圳特区城中村土地收益的理论探讨［J］．国土经济，2003（11）：17－20.

［135］王如渊，孟凌．对我国失地农民“留地安置”模式几个问题的思考——以深圳特区为例［J］．中国软科学，2005（10）：14－20.

［136］王媛．土地资本化、城市化与城市经济增长——深圳土地制度改革的意义［J］．中国房地产，2012（19）：50－52.

［137］韦森．哈耶克式自发制度生成论的博弈论诠释——评肖特的《社会制度的经济理论》［J］．中国社会科学，2003（6）：43－57.

［138］韦森．文化与制序［M］．上海：上海人民出版社，2003.

［139］韦森．再评诺斯的制度变迁理论［J］．经济学（季刊），2009（2）：743－768.

［140］文贯中．吾民无地：城市化、土地制度与户籍制度的内在逻辑［M］．北京：东方出版社，2014.

［141］吴次芳，靳相木．中国土地制度改革三十年［M］．北京：科

学出版社，2009.

［142］伍凤兰，申勇．公立医院改革——历史演进、制度困境与路径选择［J］．中国卫生政策研究，2016（1）：34－39.

［143］夏明文．土地与经济发展：理论分析与中国实证［M］．上海：复旦大学出版社，2000.

［144］肖特．社会制度的经济理论［M］．上海：上海财经大学出版社，2004.

［145］谢涤湘，牛通．深圳土地城市化进程及土地问题探析［J］．城市观察，2017（8）：50－59.

［146］谢识予．经济博弈论［M］．上海：复旦大学出版社，2002.

［147］新帕尔格雷夫经济学大辞典［M］．北京：经济科学出版社，1996，Vol. 3 K－P：1101.

［148］徐远，薛兆丰，王敏，李力行．深圳新土改［M］．北京：中信出版集团，2016.

［149］［英］亚当·斯密．国富论［M］．西安：陕西师范大学出版社，2010.

［150］杨瑞龙．论我国制度变迁方式与制度选择目标的冲突及其协调［J］．经济研究，1994（5）：40－49.

［151］杨瑞龙．论制度供给［J］．经济研究，1993（8）：45－52.

［152］杨瑞龙．我国制度变迁方式转换的三阶段论——兼论地方政府的制度创新行为［J］．经济研究，1998（1）：3－10.

［153］杨瑞龙，杨其静．阶梯式的渐进制度变迁模型——再论地方政府在我国制度变迁中的作用［J］．经济研究，2000（3）：24－31.

［154］姚洋．土地、制度和农业发展［M］．北京：北京大学出版社，2004.

［155］姚洋．意识形态演变和制度变迁：以中国国有企业改制为例［J］．河海学刊，2008（9）：78－86.

［156］姚洋．作为制度创新过程的经济改革［M］．上海：格致出版社，上海三联书店，上海人民出版社，2016.

［157］叶涛，史培军．从深圳经济特区透视中国土地政策改革对土地利用效率与经济效益的影响［J］．自然资源学报，2007（5）：434－444.

［158］于今．城市更新：市发展中的里程碑［M］．北京：国家行政学院出版社，2011.

［159］袁易明．中国经济特区的动态演化与实践使命［J］．特区实践与理论，2015（4）：46－50.

［160］袁易明．中国经济特区建立与发展的三大制度贡献［J］．深圳大学学报（人文社会科学版），2018（7）：31－36.

［161］［美］詹姆斯·M. 布坎南，戈登·图洛克．同意的计算［M］．上海：上海人民出版社，2014.

［162］查振祥．土地利用模式创新：深圳城市土地利用理论设计研究［M］．深圳：海天出版社，2015.

［163］张红宇．中国农村土地产权政策：持续创新——对农地使用制度变革的重新评判［J］．管理世界，1998（6）：168－177.

［164］张红宇．中国农地制度变迁的制度绩效：从实证到理论的分析［J］．中国农村观察，2002（2）：21－33.

［165］张军．分权与增长：中国的故事［J］．经济学（季刊），2007（10）：21－52.

［166］张军，高远．官员任期、异地交流与经济增长——来自省级经验的证据［J］．经济研究，2007（11）：91－103.

［167］张曙光．博弈：地权的细分、实施和保护［M］．北京：社会科学文献出版社，2011.

［168］张五常．佃农理论（应用于亚洲的农业和台湾的土地改革）［M］．北京：商务印书馆，2000.

［169］张五常．中国的经济制度［M］．北京：中信出版社，2009.

［170］张显未．中国制度变迁中的地方政府行为研究［D］．深圳：深圳大学，2010.

［171］张艳芳，Alex Gardner. 英国土地管理法律制度及借鉴［J］．中国国土资源经济，2014（4）：51－54.

［172］张宇．城乡统筹发展背景下的土地管制制度选择与优化研究［D］．南京：南京农业大学，2015.

［173］张宇，欧名豪，蔡玉军．整村统筹——解决城中村土地利用和发展问题的一个探索［J］．城市规划，2015（2）：93－98.

［174］中国经济增长前沿课题组，张平和刘霞辉，城市化、财政扩张与经济增长［J］．经济研究，2011（11）：4－20.

［175］［日］长野郎．中国土地制度的研究［M］．北京：中国政法大学出版社，2004.

［176］赵冈，陈钟毅．中国土地制度史［M］．北京：新星出版社，2006.

［177］赵燕菁．土地财政：历史、逻辑与抉择［J］．城市发展研究，2014（1）：1－13.

［178］赵燕菁．为什么说“土地财政”是“伟大的制度创新”？［J］．城市发展研究，2019（4）：6－16.

［179］钟澄，黄建新．深圳市农村城市化历史遗留违法建筑：沿革、现状与对策研究［M］．北京：中国政法大学出版社，2013.

［180］钟怀宇．中国土地制度变革的历史与逻辑［M］．成都：西南财经大学出版社，2014.

［181］钟坚．深圳经济特区改革开放的历史进程与经验启示［J］．深圳大学学报（人文社会科学版），2008（4）：17－23.

［182］周黎安．中国地方官员的晋升锦标赛模式研究［J］．经济研究，2007（7）：36－50.

［183］周立斌，李睿．纽约的城市改造对我国城市土地利用的启示［J］．知与行，2017（6）：116－120.

［184］周其仁．产权与制度变迁：中国改革的经验研究［M］．北京：北京大学出版社，2004.

［185］周其仁．城乡中国（上）［M］．北京：中信出版社，2013.

［186］周其仁．城乡中国（下）［M］．北京：中信出版社，2014.

［187］周其仁．农地产权与征地制度——中国城市化面临的重大选择

[J]. 经济学（季刊），2004（10）：193－210.

[188] 周其仁. 中国农村改革：国家和所有权关系的变化（上）——一个经济制度变迁史的回顾[J]. 管理世界，1995（3）：178－189.

[189] 周其仁. 中国农村改革：国家和所有权关系的变化（下）——一个经济制度变迁史的回顾[J]. 管理世界，1995（4）：153－161.

[190] 邹兵. 存量发展模式的实践、成效与挑战－深圳城市更新实施的评估及延伸思考[J]. 城市规划，2017（1）：89－94.

[191] 邹广. 深圳城市更新制度存在的问题与完善对策[J]. 规划师，2015（12）：49－52.

[192] Acemoglu D. Why Not a Political Coase Theorem? Social Conflict, Commitment and Politics [J]. Journal of Comparative Economics, 2003, 31 (4): 620－652.

[193] Acemoglu D, Johnson S, Robinson J A. Reversal of Fortune: Geography and Institutions in the Making of the Modern World Income Distribution [J]. Quarterly Journal of Economics, 2002 (117): 1231－1294.

[194] Acemoglu D, Johnson S, Robinson J A. The Colonial Origins of Comparative Development: An Empirical Investigation [J]. American Economic Review, 2001, 91 (5): 1369－1401.

[195] Acemoglu D, Johnson S, Robinson J A. The Rise of Europe: Atlantic Trade, Institutional Change, and Economic Growth [J]. American Economic Review, 2005, 95 (3): 546－579.

[196] Acemoglu D, Robinson J A. A Theory of Political Transitions [J]. American Economic Review, 2001, 91 (4): 938－963.

[197] Alchian A A, Demsetz H. The Property Right Paradigm [J]. The Journal of Economic History, 1973 (33): 16－27.

[198] Anderson T L, Hill P J. The Race of Property Rights [J]. Journal of Law and Economics, 1990, 33 (1): 177－197.

[199] Aoki M. Towards a Comparative Institutional Analysis [M]. Cambridge, Mass: The MIT Press, 2001.

[200] Barzel Y. A Theory of the State: Economic Rights, Legal Rights and the Scope of the State [M]. Cambridge University Press, 2002.

[201] Barzel Y. Economic Analysis of Property Rights [M]. Cambridge University Press, 1989.

[202] Binmore K. Game Theory and Social Contract [M]. vol. 1. Cambridge, Mass: The MIT Press, 1994.

[203] Binmore K. Game Theory and Social Contract [M]. vol. 2. Cambridge, Mass: The MIT Press, 1998.

[204] Cai H, Treisman D. Did Government Decentralization Cause China's Economic Miracle? [J]. World Politics, 2006 (58): 505 -535.

[205] Coase R H. The Nature of the Firm [J]. Economica, 1937, 4 (16): 386 -405.

[206] Coase R H. The Problem of Social Cost [J]. The Journal of Law & Economics, 1960 (3): 1 -44.

[207] Collier R B, Collier D. Shaping the Political Arena: Critical Junch-eres, the Labor Movement and Regime Dynamics in Latin America [M]. Princeton University Press, 1991.

[208] Demsetz H. Toward a theory of property rights [J]. American Economic Review, 1967, 145 (3): 1646 -1665.

[209] Grief A. Institutions and the Path to the Modern Economy: Lesions from Medieval Trade [M]. Cambridge University Press, 2006.

[210] Hayek F A. Studies in Philosophy, Politics and Economics [M]. London: Routledge & Kegan Paul, 1967: 162, 92.

[211] Ho Peter. Institutions in Transition: Land Ownership, Property Rights and Social Conflict in China [M]. Oxford University Press, 2005.

[212] Ikenberry J. Constitutional Politics in International Relations [J]. European Journal of International Relations, 1998, 4 (2).

[213] Jin H, Qian Y, Weingast B. Regional Decentralization and Fiscal Incentives: Federalism, Chinese Style [J]. Journal of Public Economics, 2005

(89)：1719 – 1742.

[214] Li H, Zhou L A. Political Turnover and Economic Performance: The Incentive Role of Personnel Control in China [J]. Journal of Public Economics, 2005 (89)：1743 – 1762.

[215] Marshall A. Principles of Economics [M]. London: Macmillan, 1920: 226.

[216] North D C. Institutional Change and Economic Growth [J]. The Journal of Economic History, 1971 (31)：118 – 125.

[217] North D C. Understanding the Process of Economic Change [M]. Princeton University Press, 2005: 21.

[218] Tullock G. The Welfare Costs of Tariffs, Monopolies and Theft [J]. Western Economic Journal, 1967 (3)：224 – 232.

[219] Miceli T J, Sirmans C F, Turnbull G K. The Dynamic Effects of Land Title Systems [J]. Journal of Urban Economics, 2000, 47 (3)：370 – 389.

[220] Pierson P. Politics in Time: History, institutions, and Social Analysis [M]. Princeton University Press, 2004: 6.

[221] Pierson P. The Limits of Design: Explaining Institutional Origins and Change. Governance: An International Journal of Policy and Administration [J]. 2000, 13 (4)：475 – 499.

[222] Qian Y, Xu C. Why China's Economic Reforms Differ: The M – Form Hierarchy and Entry Expansion of the Non – State Sector [J]. Economics of Transition, 1993 (1)：135 – 170.

[223] Stephen D. Krasner. Approaches to the State: Alternative Conceptions and Historical Dynamics [J]. Comparative Politics, 1984, 16 (2)：223 – 246.

[224] Weber M. Essays in Sociology [M]. New York: Oxford University Press, 1958: 78 – 82.

[225] Williamson O E. Transaction – cost Economics: The Governance of

Contractual Relations [J]. Journal of Law and Economics, 1979 (22): 233 - 261.

[226] Young H P. Individual Strategy and Social Structure: An Evolutionary Theory of Institutions [M]. Princeton University Press, 1998.

后　记

2019年7月24日，中央全面深化改革第九次全体会议通过《关于支持深圳建设中国特色社会主义先行示范区的意见》，党和国家再次赋予深圳建设中国特色社会主义先行示范区的光荣使命。2019年2月18日，中共中央、国务院印发《粤港澳大湾区发展规划纲要》，指出深圳应发挥作为经济特区、全国性经济中心城市和国家创新型城市的引领作用，加快建成现代化国际化城市，努力成为具有世界影响力的创新创意之都。2020年10月11日，中共中央办公厅、国务院办公厅印发了《深圳建设中国特色社会主义先行示范区综合改革试点实施方案(2020—2025年)》，支持深圳在土地管理制度上深化探索，在城市空间统筹利用等重点领域深化改革、先行先试。

土地制度是关乎政治、经济和社会发展的根本性制度。深圳作为中国改革开放先行先试的"政策增长极"，必将以"敢闯敢干"的独特气质，秉承"先行示范"的历史使命，深化推动土地制度改革，进一步发挥创新引领示范作用助推城市的高质量发展，为建成现代化国际化创新型城市、创建中国特色社会主义先行示范区和社会主义现代化强国的城市范例提供坚实支撑。由此，深圳土地制度改革的步伐并未止步，而与之相关的研究理应只有进行时，没有完成时。

本书是深圳职业技术学院校级人文社科重点课题《深圳土地制度变迁的演进机理及创新路径研究》（6021310004S）的重要成果之一，也是在本人博士论文的基础上经拓展研究而成，得益于深圳职业技术学院学术著作出版资助的大力支持，使得本书终得以付梓，在此郑重致谢。

特别感谢我的博士生导师陶一桃教授，研究的顺利开展离不开她的倾心指点和鼎力相助。她身上所具有的儒雅气质与高尚品格，包容的大家之风，以及国际化的视野和前沿深邃的学术造诣，高山景行，永远是学生学习的榜样。感谢所在单位深圳职业技术学院的领导和同事，为本人提供一个良好的工作环境和研究氛围。

感谢国家一级出版社中国财政经济出版社的编辑庄莉和李肇晗女士所提出的宝贵意见和建议，使得本书更加充实完善。

感谢家人给予的莫大支持，纸短情长，在未来的日子，唯有为至亲至爱，倾心相付！

王江波

2022年7月